ŒUVRES

DE

SAINT-SIMON & D'ENFANTIN

PUBLIÉES PAR LES MEMBRES DU CONSEIL

INSTITUÉ PAR ENFANTIN

POUR L'EXÉCUTION DE SES DERNIÈRES VOLONTÉS

ET

PRÉCÉDÉES DE DEUX

NOTICES HISTORIQUES

CINQUIEME VOLUME

PARIS
E. DENTU, ÉDITEUR
LIBRAIRE DE LA SOCIÉTÉ DES GENS DE LETTRES
PALAIS-ROYAL, 17 ET 19, GALERIE D'ORLÉANS

1866

ŒUVRES

DE

SAINT-SIMON & D'ENFANTIN

V

Imprimerie L. TOINON et Cᵉ, à Saint-Germain.

ŒUVRES

DE

SAINT-SIMON & D'ENFANTIN

PUBLIÉES PAR LES MEMBRES DU CONSEIL

INSTITUÉ PAR ENFANTIN

POUR L'EXÉCUTION DE SES DERNIÈRES VOLONTÉS

ET

PRÉCÉDÉES DE DEUX

NOTICES HISTORIQUES

CINQUIÈME VOLUME

PARIS

E. DENTU, ÉDITEUR

LIBRAIRE DE LA SOCIÉTÉ DES GENS DE LETTRES

PALAIS-ROYAL, 17 ET 19, GALERIE D'ORLÉANS

—

1866

NOTICES
HISTORIQUES

II

ENFANTIN

(SUITE)

XIV

(1831)

(Novembre-décembre.)

Une évolution, dès longtemps prévue et d'une haute importance, venait de s'accomplir dans la hiérarchie saint-simonienne. Le duumvirat *Bazard-Enfantin*, modéré par l'intervention consultative du collége dans les questions d'ordre général, avait fait place à la suprématie d'un seul, sans plus de coopération rivale ou indocile à redouter pour ce chef unique. Ce grave changement fût annoncé à la famille saint-simonienne des provinces et de l'étranger, par la circulaire suivante :

« Notre père ENFANTIN me charge de vous adresser successivement plusieurs lettres, pour vous instruire de l'état présent de la doctrine depuis le changement opéré dans la hiérarchie, ainsi que du caractère nouveau que va revêtir l'apostolat pacifique.

» La famille saint-simonienne habite toujours la rue Monsigny, la rue de Louvois et, par ses associations d'ouvriers, la rue de la Tour-d'Auvergne et la rue Popincourt. Ses temples sont toujours la salle Taitbout et la salle de l'Athénée où les prédications et les enseignements vont reprendre leurs cours : à la salle Taitbout, dès dimanche prochain; à la salle de l'Athénée, dès le jour où les réparations seront achevées. Son organe quotidien est toujours *le Globe*. Toutes ces choses, ainsi que toutes les personnes qui y participent, ne reconnaissent qu'un centre, qu'une direction, qu'un chef, et ce chef est notre père suprême ENFANTIN. Il en est de même des degrés préparatoires des ouvriers et des bourgeois, qui vont recevoir incessamment la réorganisation après laquelle ils soupiraient depuis si longtemps. Il en est de même de la correspondance apostolique, il en est de même enfin du crédit, du mouvement industriel et financier auquel le père Rodrigues consacre désormais exclusivement tout son dévouement, toute son expérience et toute son activité. Il n'y a donc pas deux familles, il n'y en a qu'UNE ; il n'y a pas deux pères, nous n'en reconnaissons qu'UN SEUL, et c'est de lui que vous recevrez d'une manière régulière, complète et sincère, la communication de tout ce qui s'est passé dans le collége, de toutes les choses, en un mot, qui ont amené le départ du père Bazard et des personnes qui l'ont suivi. Ce récit se fera successivement ; pour aujourd'hui, nous devons aller au plus pressé.

» Quand, après de longues et nombreuses séances du collége, nous en fûmes arrivés à pouvoir sentir convenablement la nécessité d'un changement dans la hiérarchie, notre père ENFANTIN, à qui le premier, selon la supériorité religieuse qu'il portait en lui, devait être révélée la place que chacun occuperait dans la nouvelle constitution du pouvoir saint-simonien, un et binaire à la fois, notre père Enfantin déclara, en face de Bazard et de Rodrigues, et de tout le collége, qu'il se sentait, lui, LE PÈRE de *tous*, PÈRE SUPRÊME de la hiérarchie, chef de la religion; que le père Bazard entrait en retraite, comme *gouvernant*, et prenait activement la haute direction de la science et des idées de la doctrine; et le père Rodrigues, désormais libre de consacrer sa vie entière à Saint-Simon, la haute direction de l'organisation de l'industrie et des intérêts de la doctrine.

» Il fut alors constaté, par notre père Enfantin et le père Olinde Rodrigues, par les plus anciens membres du collége, et par ceux qui étaient assez anciens pour avoir pu juger la participation de chacun dans tous les travaux sortis de son sein :

» Que le PÈRE ENFANTIN avait toujours été l'homme du progrès, pressentant, avant tout, la nature de l'œuvre à accomplir à chaque époque, et sachant l'inspirer, la faire désirer, vouloir et achever, en dépit de toutes les résistances.

» Qu'ainsi ce fut lui qui, le premier, sentit au mois de janvier 1830 que la direction de la doctrine n'était plus dans les mains d'Olinde Rodrigues, premier successeur de Saint-Simon; ce fut lui qui, le premier, eut la pensée que c'était à lui et au père Bazard de prendre la direction et le gouvernement de la famille, et qui communiqua cette pensée au père Rodrigues, qui *accueillit immédiatement* et avec joie *sa retraite*, et au père Bazard qui demanda un délai pour *réfléchir à son avénement*, et se déterminer.

» Il fut constaté que le père Enfantin avait toujours été le révélateur dans toutes les grandes questions; qu'il en avait provoqué l'élaboration, inspiré la solution et fait adopter la pratique; et que la participation du père Bazard avait été principalement une œuvre de discussion, de réglement, de discipline et d'enseignement; qu'ainsi le père Enfantin avait été le créateur du dogme qui embrasse la hiérarchie, la trinité religieuse et politique, la famille, dogme qui avait été successivement formulé par le père Bazard, et dont l'enseignement avait été ensuite dirigé par lui, sous la forme politique, dans *le Globe*, et sous la forme scientifique, dans les diverses salles d'enseignement.

» Il fut constaté que le père Enfantin seul nous avait, dans nos relations hiérarchiques, fait sentir, comprendre et pratiquer l'autorité de l'avenir, qui doit commander par l'amour et non par la nécessité; que le père Enfantin était seul le confesseur et le lien vivant de la famille et que le père Bazard, en qui s'était incarné, pendant toute sa vie politique, le principe sévère de l'autorité du passé, devait se glorifier aujourd'hui de l'œuvre disciplinaire qu'il avait accomplie, en nous faisant tous sortir de l'isolement et de l'anarchie où nous vivions, pour nous donner l'habitude de la communauté de pensées et d'efforts, dans un but favorable au sort des hommes.

» Il fut constaté enfin, que nous avions assez fait la critique du monde et des partis qui le divisent, assez combattu avec les armes mêmes que nous sommes appelés à briser dans nos mains pacifiques; que le temps était venu de nous donner en exemple au monde, et de réaliser le monde nouveau de travail et d'amour en qui nous avons foi :

» Que le père Bazard devait donc quitter le gouvernement des actes et des personnes; qu'à notre père Enfantin appartenait seul le gouvernement des saint-simoniens, au père *Rodrigues* la direction de leurs intérêts et de leurs efforts.

» Toutes ces choses, après une demi-journée de méditation, furent acceptées par le père Bazard, annoncées, de son consentement, à la famille toute entière, assemblée dans la réunion du mardi, et provoquèrent, le soir même, une réception improvisée dans les salons de la rue Monsigny, où tous vinrent féliciter le père Bazard. Une circulaire fut rédigée le lendemain par Michel Chevalier, et imprimée, après avoir été corrigée par le père Bazard lui-même. Vous l'avez reçue.

» Cependant, dès le lendemain, le père Bazard exprima un complet dissentiment sur la manière dont on paraissait avoir compris sa résolution. Il établit cette distinction entre la fonction et le fonctionnaire, disant que, par suite de cette nouvelle division du pouvoir, entre le chef de la religion, le chef de la science, le chef de l'industrie, il pouvait bien admettre la supériorité de la fonction, mais non la supériorité de la personne. Notre père Enfantin expliqua, dans la séance du collége qui suivit, comment en effet après avoir gouverné ensemble, il ne pouvait y avoir entre eux de relation de paternité et de filiation, de supériorité et d'infériorité, que seulement lui, père Bazard, entrait, quant au gouvernement, à l'état de retraite, de conseil, n'ayant plus qu'un rôle de prudence et de tutelle, où sa raison et son expérience avaient encore de grandes choses à accomplir pour le bonheur de l'humanité.

» Le père Bazard, après en avoir conféré avec

les membres du collége qu'il avait attirés à lui plus particulièrement dans cette circonstance, se décida enfin à quitter le poste qu'il avait la veille accepté; mais il voulut se retirer seul, et il renvoya, séance tenante, au père Enfantin, comme au seul chef de la doctrine, tous ceux qui étaient restés près de lui. Ils vinrent déclarer tous que le père Bazard se retirait seul, qu'il allait, en dehors de la famille et de l'apostolat saint-simonien qu'il ne dirigeait plus, méditer sur le rôle, sur la mission nouvelle qui lui était réservée dans l'ère où nous entrions.

» Or, le père Bazard s'étant retiré définitivement de la rue Monsigny, notre père Enfantin assembla quotidiennement les 2e, 3e et 4e degrés, et la 1re classe des degrés préparatoires des industriels et des bourgeois; il convoqua aussi des assemblées générales de la famille, afin d'instruire successivement tous ses enfants de ce qui s'était passé, et de provoquer leur acclamation à son pouvoir nouveau. Dans ces réunions, les personnes qui avaient d'abord suivi le père Bazard et qui étaient ensuite venues sur son ordre acclamer à l'avénement du père Enfantin, apportèrent avec persistance des difficultés à la reconnaissance de son pouvoir, par les divers degrés; mais ne pouvant faire que peu de prosélytes, elles se retirèrent définitivement, déclarant cesser de vivre dans la communion.

» Aujourd'hui le pouvoir nouveau est définitivement constitué et reconnu, et sa première sollicitude a dû être pour les enfants de la famille les plus éloignés et les plus exposés, par conséquent, à l'influence fâcheuse de rapports inexacts et incomplets.

» Le père Bazard s'est retiré. Or, la vie n'est pas chez ceux qui se retirent, mais chez ceux qui restent. Il veut protester contre des *théories en discussion, au sein du collége, et qui ne sont acceptées par personne ;* or, la vie n'est pas chez ceux qui protestent, mais chez ceux qui élaborent, dans la communion, les théories des choses futures, en même temps qu'ils veulent et commandent, dans le temps, les actes les plus favorables à l'amélioration de la classe la plus pauvre et la plus nombreuse.

» Notre père Enfantin ne se retire pas du père Bazard, il se sent toujours lié à lui, il ne proteste pas contre lui, il le nomme, *il le classe selon sa capacité;* afin de le mettre à même de *faire des œuvres* vraiment utiles au monde, et d'être rétribué en amour, en gloire, en vénération. Il lui a a dit : « Vous êtes *Père* pour votre vie passée, et, pour votre vie active, votre vie future, vous êtes le *chef théologien* de l'apostolat pacifique. Notre père Enfantin nous a fait sentir, en effet, comment pendant toute la carrière d'apostolat dans laquelle nous entrons, la science, la puissance d'élaboration et d'enseignement, ne pouvait avoir qu'une importance secondaire à côté de l'industrie, de la puissance de direction et d'exemple.

» Après avoir ainsi caractérisé la position dans laquelle le père Bazard s'est placé en se mettant temporairement à l'écart de la religion saint-simonienne, je vous instruirai, dans une prochaine lettre, de la nature et de l'étendue des progrès qu'il nous est donné aujourd'hui d'accomplir.

» Adieu, je vous embrasse bien tendrement, plein de joie à l'entrée de la voie nouvelle où nous allons marcher. »

Ainsi la circulaire rédigée par Michel Chevalier et adressée, au nom d'Enfantin, à toutes les églises saint-simoniennes, attestait que Bazard se retirait devant des *théories* qui n'étaient encore qu'en discussion dans le *collége, et qui n'étaient acceptées par personne.* C'était un moyen d'atténuer le mauvais effet que l'annonce de ces théories et la protestation de Bazard allaient produire au loin. Enfantin, qui connaissait bien le caractère timide de quelques membres de l'église de Montpellier, crut devoir ajouter à la circulaire une lettre particulière pour le professeur Ribes; elle était ainsi conçue :

« Paris, 28 novembre 1831.

» Cher fils, vos inquiétudes, si légitimes, cesseront bientôt par la présence de Bouffard et de Hoart et par l'envoi du volume que je fais imprimer en ce moment, si d'ailleurs notre vie, si clairement et si glorieusement manifestée par *le Globe*, ne ranime pas promptement votre foi. Voyez la séance publiée aujourd'hui, vous saurez, par elle, qui est venu et qui est parti, vous saurez si c'est, en Rodrigues ou en Bazard, que moi, votre père, avais à chercher un appui, un aide, un second; Bazard n'a pas voulu l'être, et voici celui par qui nous a été transmis Saint-Simon vivant, qui prend la place que lui assigne le successeur actuel de son maître, parce que sa vertu est la reconnaissance, parce que sa force est dans son amour pour celui qui l'inspire; voici le fils aîné de l'église nouvelle, le roi des nations, le père de l'industrie; c'était à moi qui ai connu par lui Saint-Simon, de vous le faire connaître, car personne autre que moi ne connaissait celui qui avait fermé les yeux du révélateur. Depuis

Jules Lechevalier, qui a dit et imprimé à propos de la fonction nouvelle, que la présence active de Rodrigues créait parmi nous : « Je ne savais pas » que Rodrigues pût être chef de quelque chose, » jusqu'à Bazard, qui prenait Rodrigues pour un courtier intelligent et mathématicien, tous ceux qui nous ont quittés et qui avaient en eux les habitudes de mépris du passé, et l'ignorance de l'avenir, n'ont pas plus senti, dans Rodrigues, l'homme élu par Saint-Simon, qu'ils n'ont vu en lui le messie temporel, rêvé par les Juifs, prédit par Saint-Simon, annoncé par Eugène, couronné par moi.

» Ribes, bien des hommes forts jusqu'ici avec nous, vont trouver trop lourde, peut-être, la sphère que portent nos épaules et qui grossit sans cesse. Te rappelles-tu, cher fils, qu'un jour Lherminier disait : « Il faut ici de larges épaules, les miennes ne faibliront pas, » et il ajoutait : « Ribes, vous » êtes bien froid.—Mon feu durera aussi longtemps » que le vôtre. » Il a duré, car tu rougis toi-même de cette espèce de protestantisme honteux où t'ont presque placé les lettres de Paris. En voilà assez de cette fièvre du doute, elle ne va point à ta face, mais je crains pour mon autre fils.

» Renouvier, cher enfant, tu es craintif et défiant, autant qu'aimant et tendre ; ce monde, que nous venons changer, il t'a blessé si cruellement que tu crois encore à l'existence du mal; et l'homme que tu as nommé ton père, par-dessus tous les autres, tu le crois une incarnation de ce mauvais génie, puissant, mais funeste; grand, mais hideux; prodigieux, mais dégoûtant. Ces fantômes de la foi ancienne, ressuscités par le romantisme, tu y crois et tu en as peur; tu crois que le successeur de Saint-Simon peut être un Borgia, un Méphistophélès; tu souffres, cher enfant, d'une pareille croyance; or voici le remède que je veux appliquer à ton mal; écoute-moi :

» Pars de suite pour Paris avec Fraisse, et viens m'embrasser, tu verras si je suis toujours ton père.

» Ribes, toi médecin, si tu juges que ton frère ne puisse pas partir, tu décideras; vois également si le voyage de Fraisse est utile aujourd'hui, ou s'il vaut mieux, pour l'église de Montpellier, qu'il reste près de toi encore jusqu'à l'arrivée de Bouffard. Dis à Fraisse que je l'aime et que je veux, dans tous les cas, le voir à Paris avant un mois.

» Enfants, vous recevrez avant huit jours les deux grandes séances de la famille à la rue Taitbout. C'est une introduction à l'enseignement que j'ai fait depuis et qu'on imprime. Laissez passer, en les regardant d'un peu haut, toutes les injures que vous verrez diriger, de quelque lieu qu'elles viennent, contre celui qui seul aujourd'hui ose s'appeler chef de la doctrine, père de l'humanité nouvelle, successeur de Saint-Simon : on rira un jour, en se rappelant que cet homme fut jugé et mesuré, non par les *nains* du *monde*, c'est tout simple, mais par des hommes qui se croient saint-simoniens, et qui sont aujourd'hui sans chef, sans guide, sans père, et par conséquent sans amour, sans vie, sans religion.

» ENFANTIN. »

Malgré la prétention des protestants, d'emporter avec eux la doctrine, l'enseignement, la propagation, le culte de cette doctrine se maintint en effet sans interruption, sans affaiblissement, là où il y avait un chef, un guide, un père, et par conséquent un amour, une vie, une religion.

Le dimanche, 4 décembre, la prédication eut lieu comme à l'ordinaire, à la salle Taitbout. Barrault, après avoir indiqué sommairement comment la révolution qui venait de s'opérer, dans la famille saint-simonienne, était plutôt un gage de force qu'un symptôme d'affaiblissement et de décadence, continua ainsi :

« Vous pouvez apprécier à sa juste valeur le conseil que quelques hommes, curieux amateurs de la doctrine, sincèrement émerveillés de la beauté de ses plans, mais inquiets de la possibilité de sa réalisation, nous ont souvent donné de nous transporter dans une vallée, dans une île déserte, essayant même de nous séduire par le spectacle magnifique des savanes immenses que présente l'Amérique, afin d'y tenter une expérience qui put décider ensuite la société à adopter notre religion. Je ne perdrai pas de temps à démontrer que la religion saint-simonienne est plus réalisable, sur une vaste échelle, que dans ces étroites dimensions; mais je vous le demande, quelle serait la légitimité de nos prétentions à être religieux, si, pour vous le témoigner, nous commencions par briser tous les liens qui nous attachent à vous? Quelle étrange manière de procéder à la régénération sociale, que d'isoler notre vie de la vôtre! Ne serait-ce pas bien préluder à l'association universelle, que d'aller dans un coin fonder une association mesquine, chétive, misérable, et, qu'on me passe l'expression dont la trivialité ne sera pas au-dessous de la chose, une association de ménage et de pot-au-feu?

» C'est au milieu de vous que nous sommes jaloux de rester; et pour vous faire sentir que nous sommes religieux, nous avons besoin à chaque instant de nous mêler à vos mouvements, de tempérer l'impatience, de presser la lenteur, et de faire tomber l'acharnement de vos divisions. Non, nous ne prétendons pas, dans ce déluge de maux qui nous envahissent, chercher un refuge dans une arche qui flotte paisible au milieu de vos misères, pour aller aborder le sommet de je ne sais quelle montagne et recommencer un monde sur les ruines de l'ancien : nous ne voyons pas dans le rameau initiateur une plante frêle qu'il faille faire croître à l'écart avec des soins avares et jaloux, mais un arbre vigoureux que nous avons hâte d'enraciner sur le sol foulé par tous, afin que son ombrage s'étende à tous; d'acclimater dans l'air respiré par tous, afin qu'il porte pour tous ses fleurs et ses fruits; arbre majestueux destiné à s'affermir et à se propager par la tempête même, qui emporte et dissémine au loin ses fécondes semences !......

» Déjà, vous pouvez chaque jour vous en convaincre, nous avons fait pénétrer dans le monde les principes d'une politique nouvelle ; nous avons arraché au vague terrain de la métaphysique constitutionnelle tous les hommes d'un cœur vraiment généreux, d'un esprit élevé. Par eux, la société entière a été saisie de la question la plus haute de la politique moderne, je veux dire les rapports entre les travailleurs de tous les rangs, entre les classes privilégiées et les classes déshéritées, entre les oisifs et les travailleurs, entre ce qu'on appelle encore les consommateurs et les producteurs; comme s'il y avait des producteurs qui ne consommassent pas, ainsi qu'il y a des consommateurs qui ne produisent pas! Et il n'est pas aujourd'hui de puissance capable de retirer des mains qui la tiennent cette question vivante, palpitante; car toutes les théories d'équilibre des pouvoirs constitutionnels sont tombées sous les balles de Lyon. La société va désormais s'occuper de s'approprier cette politique nouvelle dont nous avons l'initiative. Sans doute on pourra se séparer de nous; on affectera même de s'écarter de nous avec d'autant plus de violence qu'on s'en rapprochera davantage par la nature des idées; on ira encore jeter de la boue à la face des saint-simoniens; mais leur langage sera dans toutes les bouches, et d'ici à un an la politique française, et par suite la politique européenne, sera la politique saint-simonienne, sauf le nom......

» Sans doute le temps est proche où les hommes, qui longtemps ont préconisé avec le plus d'ardeur la liberté, l'indépendance, en viendront à réhabiliter peu à peu les idées d'autorité et de hiérarchie.

en s'attachant surtout à en faire comprendre l'importance, l'utilité, la nécessité. Mais, pour nous, nous aurons à faire sentir à tous que si l'homme, aujourd'hui et dans l'avenir, devait obéir à un pouvoir qui lui apparût comme une fatalité ; l'homme, dis-je, serait encore esclave, avili, dégradé ; et pour moi je ne me sens la force d'obéir, fût-ce à la raison même, qu'autant que la raison sera aimante et aimable. Quant à ceux qui prétendent que la loi écrite est la règle unique qui doive à la fois lier le chef et le dernier de la famille, laissons ces métaphysiciens, ces théologiens, s'amuser tristement de cette abstraction stérile. La loi écrite ! Eh ! cette loi nous est-elle tombée du ciel ? n'a-t-elle pas été révélée par un homme supérieur aux autres hommes qui la lui ont inspirée ? Si cette loi devient la règle de la société, et que la société soit progressive, ne faut-il pas qu'incessamment un homme se charge de continuer cette révélation, et d'en transformer, successivement et selon les besoins, les sacrés caractères ? et cet homme quel est-il, si ce n'est la loi vivante ? »

Le prédicateur, se tournant vers le père Enfantin : « Mon père, vous êtes à mes yeux la loi vivante de l'humanité, imparfaite sans doute, car ce fauteuil, symbole de notre espoir, est vacant, mais, je le dis hautement, et je voudrais que cette enceinte fût plus vaste, afin que mes paroles pussent retentir plus au loin et trouver un plus grand nombre d'échos; oui, je le déclare, et certes mon front ne porte pas la trace de la servilité, mon père, j'adore en vous la manifestation la plus haute de Dieu dans l'humanité, parce que, vous-même, vous adorez Dieu dans l'humanité entière, que vous vous sentez la mission de pousser au progrès; je vous aime, parce que vous commencez pour nous cette autorité nouvelle qui n'enchaîne pas, mais qui attire; qui n'enseigne pas, mais qui inspire; qui ne mutile pas, mais qui féconde; qui ne contraint pas, mais qui se fait suivre! Mon père, pardonnez à la rudesse que garde encore ma voix, peut-être, en vous adressant cet hommage; mais la femme manque à vos côtés. »

(*Au milieu des applaudissements, un sifflet se fait entendre; aussitôt les applaudissements redoublent.*)

Baud, sur l'invitation d'Enfantin, prend alors la parole. Il rappelle son discours du dimanche précédent, et s'attache à caractériser religieusement l'appel financier d'Olinde Rodrigues. Se tournant ensuite vers Enfantin, il s'écrie en terminant :

« Mon père, vous avez dit à ces puissants financiers qui ont tant de fois escompté l'avenir des restaurations politiques : — *Votre règne est passé.* — Un avenir prochain confirmera votre parole. Oui, l'or de la couronne des rois a coulé en lingots chez les rois de l'industrie; un bourrelet de bois vermoulu est tout ce qui reste à la légitimité vieillie; la pourpre est aux pieds du peuple, elle sortira de la boue pour parer les épaules du peuple. La couronne du chef de l'industrie brillera d'un or plus pur que jadis la couronne des rois; et le peuple, heureux par elle, la saluera avec des accents de joie et de triomphe. »

S'adressant alors à la famille saint-simonienne, et dominant les applaudissements provoqués par la péroraison de Baud, en donnant à sa voix le ton de l'autorité paternelle, Enfantin prononce l'allocution suivante :

« Chers enfants,

» Nous vous avons déjà dit que notre position était plus grave, plus grande que jamais. Vous le savez, le rôle politique que nous avons rempli jusqu'à ce jour, nous a fait passer, aux yeux de bien des hommes, pour des perturbateurs du repos public.

Quand nous avons annoncé une organisation nouvelle de la propriété, on a cru pouvoir dire que nous venions organiser la loi agraire, diviser les biens par égales parts; que c'était la guerre des pauvres contre les riches, et que nous bouleverserions la société. Aujourd'hui nous annonçons qu'une œuvre *morale* immense nous est réservée; nous annonçons que nous devons toucher à ce qui, jusqu'à ce jour, a été regardé comme la sauvegarde de la société tout entière dans *la famille*, comme nous avons touché dernièrement à ce qui avait été regardé, jusqu'à ce jour, comme la sauvegarde de la société dans *l'État*.

» Si le monde politique présente tant de désordres, que l'apparition d'une politique nouvelle soit nécessaire, le monde moral est-il donc si bien réglé, si beau, qu'il ne puisse pas se présenter des hommes annonçant une morale nouvelle? Et cependant nous devons nous y attendre, notre prétention au caractère de prêtre, notre prétention de régler les sentiments et les actes des hommes, soulèveront d'abord contre nous de vives antipathies. Nous prêtres nouveaux, nous prêtres de l'avenir, nous aurons à dissiper et à vaincre toutes les répugnances et toutes les colères qui ont frappé le prêtre du passé, et qui sommeillent.

» Le prêtre du passé, on ne le respecte plus; mais on ne le repousse plus, on ne le craint plus. Le prêtre de l'avenir, on ne le désire pas; on ne l'écoutera pas sans dédain, on ne le suivra pas sans défiance; on a besoin de le voir longtemps pratiquer sa vie pour le croire; on a besoin de le voir grandir devant tous, pour reconnaître que la vie est en lui. »

(*Longue interruption produite par le bruit que font les assistants, continuellement refoulés par les personnes du dehors qui cherchent à pénétrer.*)

« En ce moment, continue Enfantin, nous nous occupons de chercher une salle plus vaste; vous voyez qu'il nous est difficile de continuer ici nos enseignements; et la foule qui se presse autour de nous, à l'heure où nous proclamons la nécessité d'une *loi morale nouvelle*, nous fait voir que beaucoup nous attendent, et nous donne hâte de parler à tous.

» Chers enfants,

» Nous entrons, nous, fils de Saint-Simon, dans l'époque de l'apologie de notre conduite; car nous serons attaqués. Je vous demande à vous tous qui avez foi que la vie saint-simonienne est en vous, d'apporter, devant le monde, le spectacle d'une vie qui convainque les plus incrédules que la mission que nous accomplissons aujourd'hui est bien la mission la plus grande, la plus élevée, qu'homme ou femme puisse se proposer.

» Je m'adresse à vous tous, comme si tous vous reconnaissiez en moi l'autorité nouvelle, parce que tous vous venez à moi, entendre ma parole, et que je ne veux pas croire que vous veniez, sans but moral, pour vous et pour tous : vous venez entendre ma parole, parce que vous pensez qu'elle peut être bonne au monde; vous venez entendre la parole de Saint-Simon, parce que vous savez déjà ce que Saint-Simon a fait, et parce que ses œuvres passées vous garantissent ses œuvres futures.

» Aujourd'hui nous appelons les femmes à nous aider dans l'œuvre apostolique; nous appelons les femmes à venir, non réclamer, mais dire ce qu'elles veulent pour l'avenir.

» Jusqu'ici, nous écoutant prêcher l'amélioration du sort de la classe la plus pauvre et la plus nombreuse, vous avez tous compris ce que nous voulons faire pour les *hommes;* nous voulons tendre la main aux travailleurs, aux salariés; mais il ne s'agit pas des *hommes* seulement, il s'agit aussi des *femmes*. Or, quelle est la classe la plus pauvre et la plus nombreuse parmi les femmes? Quelle est la femme qui souffre le plus sous le dogme qui pèse encore sur nous? quelle est la femme qui souffre le plus de l'anathème contre la chair et de la profanation de la chair? Voilà la classe la plus pauvre et la plus nombreuse, voilà celle que nous devons sauver.

» Et qui donc parlera d'immoralité?

» Nous avons donné la main au prolétaire, et nous devons bientôt lui montrer que sa fille n'a d'espoir qu'en nous, qu'elle est perdue sans nous, qu'elle est perdue par lui peut-être, et par tout le monde qui la tente et qui l'achète. Il faut à des hommes quelque courage pour accomplir cette mission; mais que faut-il aux femmes qui se joindront à nous, pour nous aider dans cette mission? Jusqu'ici c'est nous, hommes, qui avons porté les mépris du monde; eh bien! nous appelons les femmes à partager le fardeau avec nous. »

(Nouvelle interruption causée par quelques rires et par l'empressement de la foule nombreuse qui est à la porte.)

Baud demande au père suprême la parole; mais, à peine a-t-il prononcé quelques mots, qu'un rire isolé et éclatant se fait entendre. A cette manifestation indécente, le prédicateur s'interrompt pour s'écrier :

« Qu'il se montre celui qui rit de ma parole ; quand il voit que je porte en moi toutes les douleurs que toutes les femmes et tous les hommes du monde peuvent éprouver, que je les repasse dans ma pensée, que je les rends par la puissance de ma voix ; qu'il vienne, je veux le voir rire !

» Il y a des hommes qui rient en face de tant de femmes expirantes, en face de leurs frères poussés par le désespoir à la frénésie sanglante et rendus presque féroces par le malheur. Ah ! s'il est des hommes qui rient à tant d'infortunes, ils sont les auteurs des crimes qu'elles amènent ; ils sont dans le monde les seuls coupables, je n'en connais point d'autres. »

» Laissez, laissez, il y a encore dans cette poitrine un cri qu'il faut que l'on entende. (*Applaudissements prolongés.*)

» Un homme, grâce à Dieu, un seul homme, dans cette enceinte, a eu le courage de siffler. Siffler ! mais c'est au théâtre où l'on chante et l'on amuse le vice, où l'on fait l'apologie de ce qu'il y a de mal dans le monde ; c'est là qu'il faut siffler. Mais quand il se passe devant vous, un drame où les hommes qui livrent leur vie toute transparente à l'examen de tous, viennent parler du peuple, et au nom de Dieu réclamer pacifiquement ses droits; quand on les voit, pour ainsi dire, gratter la terre de leurs mains pour lui faire produire tous ces trésors dont ils enrichiront la classe la plus nombreuse et la plus pauvre, quel est celui qui peut siffler? (*Un homme dans l'enceinte* : MOI).

» Eh bien! à l'homme qui siffle je demanderai compte de ses œuvres et de sa vie, et je lui dirai pourquoi, moi, je me sens le courage de déclarer hautement qu'il ne nous connaît pas, ou ne se connaît pas lui-même. Je lui dirai, moi, qui je suis, ce que j'ai été, non pas comme je l'ai déjà fait, mais sous un autre aspect de la vie.

» Je vous l'ai dit, vous le savez, je suis fils du prolétaire qui, par son travail, s'est placé dans la classe privilégiée. Eh bien! j'ai vu, moi, jusqu'à présent tous les vices et tous les tourments que la femme étale au sein de nos villes, et si je n'ai point, par des mots odieux, plaisanté sa dégradante misère, jamais aussi je n'eus le courage de tendre la main pour relever de l'anathème la fille d'Ève et de Marie éplorée. Vous, avez-vous vu, le soir, se traînant le long de nos rues, ces ombres pâles, revêtues de leurs habits empruntés, comme d'un linceul d'où s'exhale en lourde atmosphère toute la vapeur fangeuse du vice? elles supplient le voluptueux débauché afin d'avoir un peu de son or; elles appellent à leur aide les désirs criminels que leurs voix éveillent : cette suppliante, c'est la fille du peuple, naguère joyeuse et belle, aujourd'hui triste et flétrie. La voilà telle que l'ont faite l'oppression et la misère! Ah! si vous l'avez vue, qu'avez-vous fait pour elle? L'avez-vous défendue, assistée, relevée? avez-vous eu le courage de mettre votre main dans la boue, pour en tirer les enfants de Dieu qui y versent leur sang et leur vie? Ah! si vous ne l'avez pas tenté, ou si l'énormité de cette œuvre a ébranlé votre courage, respectez ceux qui parlent d'affranchir la femme du hideux trafic de la chair; et si vous ne vous sentez pas la force de les imiter, au nom de Dieu! ne les sifflez pas. » (*Bravo! bravo! Applaudissements.*)

Le siffleur, déconcerté par les encouragements que le public donnait à l'orateur saint-simonien, essaya vainement de répondre; sa parole confuse et saccadée se perdit au milieu des murmures de l'auditoire, et Enfantin se crut obligé d'intervenir pour clore cet incident par cette déclaration :

« C'est la première et la dernière fois que la parole sera prise ainsi par un assistant, car nous ne pourrions continuer nos enseignements ni nos prédications de cette manière. »

Le sifflet solitaire n'était du reste ici que l'écho du cri de guerre qui retentissait alors, contre le saint-simonisme, dans les salons de l'oisiveté conservatrice ou frondeuse, superstitieuse ou sceptique, et il ne devait précéder que de quelques jours le réquisitoire officiel. Mais n'anticipons pas : nous en sommes encore aux siffleurs et aux rieurs, et parmi ces *nains du monde*, comme les appelait Enfantin, il y avait aussi des colosses de renommée, des géants intellectuels.

Chateaubriand, peu de temps avant la scission de Bazard, s'était retiré solennellement du monde politique, au fond de ce qu'il appelait sa *geôle expiatoire*, d'où il se réservait de voir impassiblement défiler, sous sa *lucarne*, les lutteurs qui allaient après lui se disputer l'arène. Dans ce dernier adieu, qui, fort heureusement pour les admirateurs de son génie, devait être suivi de quelques retours, le grand écrivain s'était cru le droit de parler du saint-simonisme, comme on en parlait à l'Académie et au Forum, sans avoir pris la peine de l'étudier, et il avait découvert, lui, que ces nouveautés, si effrayantes pour le vulgaire, n'étaient après tout que des vieilleries, des friperies antiques, appendues, depuis vingt siècles, dans les écoles de l'ancienne Grèce. De là, force sarcasmes, force moqueries, force appréciations hasardées et injustes, à l'adresse des novateurs, plagiaires de l'antiquité.

Enfantin pensa que des quolibets, tombés de si haut, méritaient mieux que le dédain pratiqué à l'égard des Aristophanes de bas étage. Il engagea un des prédicateurs saint-simoniens, Laurent, à publier dans le *Globe*, un examen critique de la brochure de l'illustre légitimiste désespéré. Bazard avait partagé cet avis, et l'article désiré parut en effet, dans le journal de la religion saint-simonienne, sous ce titre : CHATEAUBRIAND.

L'auteur, après avoir signalé la révolution de Juillet, comme *posant, sur les ruines de l'aristocratie ancienne, la nouvelle question à débattre, avec une aristocratie vivace, entre l'oisiveté et le travail*, continuait ainsi :

« Cette question vaste et palpitante n'a pas été

aperçue par M. de Chateaubriand, bien qu'il prétende qu'aucune de ses facultés n'a vieilli, qu'il comprend son siècle mieux que jamais, qu'il pénètre dans l'avenir plus hardiment que personne (page 47 de sa brochure.) A quoi donc lui ont servi cette audacieuse pénétration, cette intelligence progressive et cette vigueur d'esprit que la vieillesse n'a pas encore entamées? Il va vous l'apprendre lui-même : A proclamer son incertitude de l'avenir (page 39) : à ne croire ni aux peuples ni aux rois (page 33); à s'isoler de tout le monde, à se soumettre à la fatalité! (47.)

» Nous signalons d'autant plus volontiers ce contraste frappant entre les prétentions et les aveux de M. de Chateaubriand, qu'il sauve un homme puissant par l'influence de son talent et de son caractère, d'un reproche bien autrement grave que celui d'incohérence. Que pourrait-on penser et dire de lui, en effet, s'il était vrai que, toujours jeune, plus que jamais capable de marcher à la tête de son siècle, et plongeant avec son œil d'aigle dans l'immensité de l'avenir, il voulût garder pour lui seul tous ces avantages, emprisonner dans sa solitude les hautes facultés dont il a le sentiment si profond, et ne se vanter des faveurs de la Providence que pour les rendre stériles et embrasser le culte de la fatalité? Ne vaut-il pas mieux, pour sa gloire, que nous le soupçonnions d'avoir trop présumé de lui-même, quand il a parlé de sa prévoyance et des respects du temps pour sa virilité? Non, non, vous qui venez de lancer un anathème si foudroyant contre l'égoïsme national, vous ne pouvez, quoi que vous en disiez, céder avec tant d'éclat et de faiblesse à un égoïsme plus étroit encore.

» Si vous ne vous êtes mêlé que par hasard aux choses de la vie, si vous ne marchez avec personne, si vous êtes dépouillé du présent, si vous vous retirez dans une geôle expiatoire, c'est qu'en effet vous ne croyez plus ni au droit divin ni à la souveraineté du peuple, c'est que vous ignorez le point de l'horizon d'où partira la lumière, et que vous n'avez même qu'un avenir incertain au delà de la tombe. C'est la réunion de toutes ces circonstances qui peut seule expliquer le dégoût, l'impuissance et le désespoir qui percent, dans votre dernier écrit, à travers les formes superbes, le calme apparent et la résignation trompeuse dont vous faites parade. Et vous êtes persuadé plus que personne, dites-vous, de la perfectibilité de la nature humaine! Et cette persuasion ne vous a rien appris du présent ni de l'avenir, dont le double mystère est pour vous un double supplice! et elle ne vous a pas empêché de renoncer à toute participation au perfectionnement social, d'abandonner le salut de l'humanité à un accident imprévu, et de fuir le monde perfectible!

» Et elle ne vous a pas arrêté au moment de calomnier les hommes qui croient, d'une foi vraiment religieuse, à cette perfectibilité que vous aviez adoptée, vous, sans conséquence! les hommes qui puisent dans ce dogme la force de braver à la fois la persécution et l'impopularité, la force de ne pas s'offenser qu'un écrivain de grande renommée prenne pour des guenilles ce qu'ils savent renfermer une bonne nouvelle, et la force de porter cette bonne nouvelle d'une nation à l'autre, tandis que ce grand écrivain enterre avec lui, dans la solitude, sa foi au progrès, et témoigne ainsi hautement que ce n'était qu'une foi morte!

» Qui donc vous a donné le droit d'être si sévère contre les partisans de la non-intervention guerrière, contre les égoïstes qui n'ont plus d'entrailles pour leurs frères au delà de certains ruisseaux ou de certaines montagnes; vous qui, persuadé de la perfectibilité de la nature humaine, ne voulez rien faire pour en hâter le développement, et qui vous ensevelissez vivant dans une espèce de cloître, de peur de perdre quelques heures de repos au bord de la fosse? Ce n'est pas seulement de l'appui du glaive qu'on a besoin en Belgique, en Pologne, en Italie et ailleurs ; l'intervention des sentiments généreux et des idées fécondes n'est pas moins nécessaire que celle de la force militaire, car ce sont les sentiments et les idées qui soulèvent les bras, quand il faut briser un joug odieux, et ce sont eux qui interviennent encore, quand il faut créer un ordre nouveau. Napoléon lui-même, qui régnait par le sabre, a rendu un éclatant hommage à l'ascendant des sentiments et des idées : l'auteur du *Génie du Christianisme*, plein sans doute des souvenirs de Pierre l'ermite et de saint Bernard, serait-il donc moins disposé que *le libéral de la conscription*, comme il l'appelle lui-même, à reconnaître la toute-puissance pacifique du génie et de la pensée? Et s'il n'est pas moins persuadé de cette puissance que de la perfectibilité de la nature humaine, pourquoi se condamne-t-il à l'inaction, pourquoi prêche-t-il dans le désert, pourquoi refuse-t-il d'intervenir dans l'accomplissement du progrès social, lui si redoutable et si terrible aux non-intervenants? Pourquoi n'a-t-il que des paroles amères, des imputations calomnieuses, des sarcasmes usés, pour ceux qui, à travers tous les obstacles et au prix de leur repos, prêchent la perfectibilité, à la face du monde que lui-même abandonne, et travaillent incessamment à réaliser ce don ineffable que la bonté infinie de Dieu a fait à l'humanité?

» Homme solitaire, si nous étions assez malheureux pour croire aux arrêts irrévocables de la fatalité et pour nous renfermer dans les considérations personnelles, nous vous dirions : quoiqu'il puisse arriver en ce monde, vous pensez sagement de ne plus y paraître; tout est dit pour votre renommée et votre gloire, vos destins sont accomplis. Mais placés, comme nous le sommes, au point de vue providentiel et social, nous voyons toujours la possibilité du progrès et du dévouement, chez les hommes même dont la carrière semble le plus définitivement fermée. Nous nous rappelons l'exemple de l'un des flambeaux de l'Eglise latine. Il était bien fatigué du monde, lui aussi; il avait étudié tous les systèmes, pesé toutes les opinions, et, saturé de scepticisme et de dégoûts, il allait jusqu'à déplorer l'immortalité de son âme. « Voyez, dit le cardinal Maury, son panégyriste, voyez un homme livré à toutes les tentations de l'indigence, à tous les écueils du talent, à tous les dangers de l'ambition, à tous les excès de la volupté; un homme célèbre tour à tour à Madaure et à Carthage, où il étend ses connaissances en se dépravant à la fois dans ses principes et dans ses mœurs; un homme qui signale son génie par des écarts, et qui, honteux de s'être abaissé à tous les dogmes ridicules de Manès et de l'astrologie, de peur d'être égaré par de nouveaux imposteurs, court se précipiter à Rome dans le chaos du scepticisme. Cet homme quitte Rome pour aller enseigner à Milan sa désolante philosophie. A son approche, l'évêque Ambroise ordonne des prières publiques pour conjurer le ciel de prémunir son Eglise contre les séductions de son génie. L'orgueil d'Augustin, car c'était lui, ne voit qu'un hommage dans cette précaution. Il se moque du pasteur, il prend ses croyances pour de vieilles superstitions; il va pourtant l'entendre par curiosité, et peu de jours après la parole de l'Écriture se vérifie : Dieu a transformé l'instrument du vice en vase d'élection?

» Eh bien! daignez aussi examiner avec moins de prévention et d'âpreté, daignez étudier profondément ce que vous prenez pour de vieilles et de déplorables chimères, vous qui, dans la jeunesse de votre talent, osâtes désirer et prévoir une grande régénération religieuse, alors que votre imagination, encore vierge de l'ivresse du succès et des illusions de la fausse gloire, souriait à l'espérance ! Vous qui, dans votre pèlerinage poétique au berceau du christianisme, avez peint si énergiquement, après de Maistre, la vanité des outrages et des mépris qui entourent une religion naissante, et qui empêchent d'apercevoir sa future grandeur à travers la faiblesse de son enfance ! vous qui avez tracé ces paroles remarquables sur la caverne des apôtres.

« Tandis que le monde entier adorait à la face » du soleil mille divinités honteuses, douze pê- » cheurs, cachés dans les entrailles de la terre, » dressaient la profession de foi du genre humain » et reconnaissaient l'unité du Dieu créateur de ces » astres, à la lumière desquels on n'osait encore » proclamer son existence. Si quelque Romain de » la cour d'Auguste, passant auprès de ce souter- » rain, eût aperçu les douze Juifs qui composaient » cette œuvre sublime, quel mépris il eût témoigné » pour cette troupe superstitieuse ! Avec quel dédain » il eût parlé de ces premiers fidèles ! Et pourtant, » ils allaient renverser les temples de ce Romain, » détruire la religion de ses pères, changer les » lois, la politique, la morale, la raison, et jusqu'aux » pensées des hommes. Ne désespérons donc jamais

» du salut des peuples. Les chrétiens gémissent au-» jourd'hui sur la tiédeur de la foi; qui sait si Dieu » n'a pas planté dans une ère inconnue le grain de » sénevé qui doit multiplier dans les champs? Peut-» être cet espoir de salut est-il sous nos yeux, » sans que nous nous y arrêtions? Peut-être nous » paraît-il aussi absurde que ridicule! » (*Itinéraire*, p. 223 et 224.)

» Venez donc, vous qui avez si bien prophétisé votre propre aveuglement; venez, venez reconnaître le champ où le grain de sénevé a germé et fructifié; venez entendre les hommes qui ont le courage de réaliser ce que vous eûtes la hardiesse de pressentir; venez voir de près ces guenilles qui de loin ne vous inspirent que du mépris, et nous osons vous promettre, nous qui ne sommes que d'hier, à vous, colosse de renommée, à vous, vétéran de la gloire; nous osons vous promettre de faire briller une lumière nouvelle devant des yeux qui croient avoir tout vu, et de vous préserver à l'avenir du danger de rejeter, comme de sales oripeaux [1], la robe virile de l'humanité, dont vous

1. Quelques années plus tard (en 1834), M. de Chateaubriand annonçait à son tour une *transformation sociale,* dans la *Revue des Deux-Mondes,* sans dire en quoi elle consisterait. On s'aper-

aurez pu contempler la fraîcheur, l'éclat et la majesté! »

XV

(1831)

(Décembre.)

La retraite de Bazard et d'une partie des membres du collége qui avaient le plus marqué jusque-

cevait toutefois, en le lisant, qu'il avait trouvé quelque chose à ramasser parmi les *oripeaux* dont il avait parlé avec tant de dédain. La question de la propriété le préoccupait principalement; ces quelques lignes en font foi :

« Quand il ne s'agirait que de la seule propriété, dit-il, n'y touchera-t-on point? restera-t-elle distribuée comme elle l'est? Une société où des individus ont deux millions de revenu, tandis que d'autres sont réduits à remplir leurs bouges de monceaux de pourriture pour y ramasser des vers, vers qui, vendus aux pêcheurs, sont le seul moyen d'existence de ces familles elles-mêmes autochthones du fumier, une telle société peut-elle demeurer stationnaire sur de tels fondements au milieu du progrès des idées?

» Mais si l'on touche à la propriété, il en résultera des bouleversements immenses, qui ne s'accompliront pas sans effusion de sang..... Dix-huit cents ans depuis l'ère chrétienne n'ont pas suffi à l'abolition de l'esclavage; il n'y a encore qu'une *très-petite partie* accomplie de la mission évangélique. »

C'était précisément pour accomplir la TRÈS-GRANDE PARTIE de cette mission, et pour l'accomplir sans effusion de sang, que les saint-simoniens enseignaient et prêchaient leur nouvelle doctrine, comme développement complet de la pensée évangélique, au risque de subir les fausses appréciations et les épigrammes de l'auteur même du *Génie du Christianisme.*

là dans l'enseignement, les prédications et les missions, n'avait point affaibli, nous venons de le voir, la confiance que la doctrine inspirait au chef suprême et aux disciples de tous les degrés qu'il avait maintenus dans sa communion et sous son autorité. Plus que jamais Enfantin disait, et toute la famille répétait : *nous sommes les hommes de l'avenir.*

Ç'aurait été, en effet, une grave erreur de prendre les changements survenus au sommet de la hiérarchie saint-simonienne pour un signe de décadence dans la doctrine même de Saint-Simon. Il suffisait de considérer que cette révolution intérieure coïncidait avec un grand développement extérieur, pour se convaincre qu'elle ne faisait que déplacer quelques hommes sans rien enlever à la puissance des idées. Loin d'être atteintes ou menacées dans leur valeur philosophique ou religieuse, dans leur expansion apostolique et leur destinée sociale par la dissidence qui avait éclaté au sein du collége, ces idées avaient conservé au contraire toute leur virtualité et tout leur empire, au dedans comme au dehors, et jusques chez les dissidents eux-mêmes, lesquels entendaient si peu les abjurer qu'ils s'en déclaraient les vrais interprètes et les plus fidèles gardiens. Bazard et le groupe protestant qui l'avait suivi dans sa retraite, croyaient toujours comme Enfantin et l'église saint-simonienne tout entière :

Que Dieu est tout ce qui est;

Que la matière est sainte comme l'esprit;

Que le travail manuel et le travail intellectuel sont également revêtus du caractère divin, et que la politique doit faire partie de la religion;

Que la femme est l'égale de l'homme;

Que toutes les institutions sociales doivent avoir pour but l'amélioration morale, intellectuelle et physique de la classe la plus nombreuse et la plus pauvre;

Que les nations marchent providentiellement à l'association universelle;

Que la société moderne passe de plus en plus de l'état de guerre à l'état de paix, de la destruction à la production, de la prépotence militaire à la prédominance scientifique et industrielle;

Que, dans cette société, enfin, chacun sera classé selon sa capacité et rétribué suivant ses œuvres.

Donc, pas d'ébranlement sérieux dans l'édifice fondé par Saint-Simon, agrandi et consolidé par Rodrigues, Bazard et Enfantin; donc pas la moindre altération dans la tradition du maître, telle qu'elle avait été interprétée, formulée et enseignée par ses premiers continuateurs. Contrairement à la croyance commune des esprits superficiels, le saint-simonisme gardait ainsi son intégrité doctrinale, au sortir de la crise violente qu'il venait de traverser. Le désaccord entre ses chefs n'avait porté que sur une théorie conjecturale d'Enfantin, relative au règlement futur des rapports moraux des deux sexes; conjecture hardie, que son auteur avait eu soin de ne pas marquer du sceau dogmatique, et de ne présenter que comme l'un des termes extrêmes entre lesquels la femme devait aider à chercher et à découvrir la vérité; conjecture tellement indépendante des croyances admises et des exigences de l'orthodoxie saint-simonienne, qu'elle était repoussée à la fois par quelques-uns de ceux qui restaient avec Enfantin comme par ceux qui ne reconnaissaient plus son autorité. A vrai dire, la conception qui avait soulevé tant de répugnances et de tempêtes n'était qu'une pierre d'attente, sur le sort de laquelle toute latitude était laissée à la divergence, sans qu'il pût en résulter le moindre dommage pour les parties achevées, acceptées, et religieusement inaugurées du monument saint-simonien.

C'est ce que deux prédicateurs, Transon et Laurent, s'attachèrent à démontrer dans leurs discours du 11 décembre. Transon expliqua ainsi la dernière évolution, accomplie dans le sein de la doctrine :

« L'apostolat saint-simonien est entré dans une voie nouvelle : il ne nous suffit plus *d'enseigner*, nous allons *réaliser ;* ou, si vous voulez, nous n'enseignerons plus le monde seulement par des paroles, mais aussi par des œuvres. A la face d'un monde où l'art, l'industrie et la femme, sont trop souvent au service et à la merci de l'ignorance, de l'incapacité et du vice, nous allons installer religieusement parmi nous les artistes, les industriels et les femmes. L'œuvre d'annonciation poursuivie sans relâche depuis la mort de Saint-Simon, va commencer pour les nations étrangères; en France, elle est suffisamment avancée pour que nous puissions passer outre. Fonder le culte, organiser l'industrie, donner aux femmes qui déjà sont avec nous, et à celles qui nous approchent, la force qui leur est nécessaire pour unir leur inspiration et leur voix à la nôtre, afin de produire et de proclamer une nouvelle morale individuelle; telle est l'œuvre immédiate que nous nous proposons.

» Pour obtenir le plus rapide accomplissement de cette œuvre, la hiérarchie saint-simonienne a dû subir une transformation importante, et cette transformation n'a pu se réaliser que par une crise douloureuse, par l'éloignement de celui qui partagea longtemps, avec notre père suprême, le gouvernement de la société naissante. Plusieurs aussi qui avaient contribué, pour une belle part, à nos travaux apostoliques de tout genre, se sont séparés de nous, effrayés qu'ils étaient des termes mêmes dans lesquels le nouveau progrès est appelé.

» Dans l'ère nouvelle où nous entrons, nous réclamons le secours des artistes pour donner à notre apostolat une forme plus vivante, reconnaissant que jusqu'ici nos formes ont été plutôt scientifiques et philosophiques que religieuses. Mais ce n'est pas en vain que nous avons été jusqu'ici des *docteurs*. Le monde où nous étions n'avait foi qu'à la science : nous avons dû lui parler son langage. Ce n'est pas en vain que les apôtres de Saint-Simon sont sortis pour la plupart des premières écoles de France et d'Allemagne. Il fallait pouvoir dire aux hommes de notre époque : « Nous aussi, nous avons pénétré toutes les profondeurs de la science, et nous en rapportons cette unique vérité : c'est qu'en dehors du sentiment religieux, la science est sans appui pour remuer le monde. » (Sensation.)

» Notre politique aussi va se modifier. Et pourtant nous ne voulons pas pour notre politique présente, répudier notre politique passée. Nous venons instituer en France la monarchie industrielle, comme Charlemagne a institué la monarchie militaire. C'est la transfiguration du pouvoir temporel. Mais pour Charlemagne, le plus puissant moyen de succès, c'était la guerre; le plus puissant pour nous, c'est la paix. Ainsi nous allons prêcher la paix. Nous prêcherons la paix, ayant la foi qu'à l'abri de la paix seulement le travail industriel peut être organisé en France; ayant la foi que l'organisation religieuse du travail industriel peut seule prévenir ou faire cesser la guerre qui déjà gronde entre les bourgeois et les prolétaires, entre les maîtres et les ouvriers, entre ceux qui possèdent et ceux qui ne possèdent pas; ayant la foi que l'alliance sincère de ces deux classes, aujourd'hui profondément ennemies, peut seule donner, à la France, la puissance morale qui lui est nécessaire pour accomplir, à l'égard des nations, sa mission providentielle; et sa mission, nous l'avons déjà proclamé et nous ne cesserons de l'annoncer au monde; sa mission, c'est de s'unir d'amour et d'intérêt à l'Angleterre pour régénérer l'Espagne, délivrer l'Italie, affranchir l'Allemagne, rétablir la Pologne, et faire tourner visage à la Russie vers l'Orient. Donc nous prêcherons la paix! Mais ne craignez pas de nous voir jamais incliner notre bannière devant celle où est écrite la maxime profondément irréligieuse de la *paix à tout prix* et du *chacun chez soi, chacun son droit.* (Applaudissements.)

» La loi de l'humanité, selon la foi saint-simonienne, n'est plus la chute avec l'expiation et la rédemption, c'est le progrès continu vers l'association universelle. Sous l'idée du progrès, la *loi écrite* prend un caractère nouveau ; car la science du bien et du mal étant *progressive,* la révélation de la morale sociale et de la morale individuelle se produisant *successivement* dans l'humanité, aucun texte ne sera plus considéré, ainsi que l'Évangile l'a été par les chrétiens, comme offrant la dernière expression de la loi divine ou humaine. Les livres saints ne seront jamais terminés ; il y aura toujours des feuillets vierges pour écrire les vérités réservées à l'avenir. Et comprenez bien qu'ainsi la foi à la loi écrite n'est pas diminuée. Autant et plus que les préceptes de l'Évangile aient été jamais respectés, on respectera ces grandes lois *écrites* par Saint-Simon et par ses successeurs : « Que toute » institution sociale doit avoir pour but l'amélioration de la classe la plus nombreuse. — Que tous » les priviléges de la naissance seront abolis. — » Qu'il doit être à chacun donné selon sa capacité

» et suivant ses œuvres. — Que l'individu social » c'est l'homme et la femme. » (Applaudissements.)

Laurent prit la parole, après Transon. Nous empruntons à son allocution les passages suivants :

« Quelque déplorables que soient le schisme et l'hérésie, loin d'y voir avec les esprits superficiels un signe de décadence, ne craignons pas de les présenter comme une manifestation de puissance et un gage de durée pour notre doctrine. On ne se sépare pas, on ne se dénonce pas, on ne proteste pas là où règne officiellement un optimisme de commande ou une harmonie d'apparat, là où la vie manque d'intensité et de profondeur, et je ne sache pas que jamais scission ou perturbation bien vive ait éclaté à propos d'un changement de statuts ou d'un renouvellement de bureau, dans le sein des sociétés littéraires ou philanthropiques dont le monde est encombré. Le schisme et l'hérésie ne naissent qu'à côté ou en face d'une grande vérité, que là où l'on se passionne pour la vérité. C'est l'histoire de tous les temps, des époques d'organisation et des époques de destruction ; pour s'en convaincre, il ne faut qu'ouvrir les fastes du christianisme et ceux de la révolution française.

» Du vivant même des apôtres, la division s'éleva

parmi les chrétiens de la Judée. Un concile général fut réuni à Jérusalem, et l'Église naissante dut aux erreurs de quelques-uns de ses enfants, de se poser pour la première fois avec éclat, en face des Juifs et des Gentils.

» Plus tard, les plus célèbres apologistes du christianisme, Tertullien et Origène, après avoir terrassé les ennemis de l'Évangile, après avoir triomphé des philosophes et des prêtres du paganisme, laissèrent soupçonner leur croyance, et purent tomber dans l'hétérodoxie, sans que la doctrine du Christ, alors dépositaire du progrès, fût arrêtée dans son développement rapide. N'oublions pas non plus que l'hérésie d'Arius fit la grandeur d'Athanase, et qu'elle provoqua le fameux symbole qui, pendant tant de siècles, servit d'acte de foi au genre humain. N'oublions pas que, sans les Donat et les Pélage, nous n'aurions pas connu toute la force et la sublimité des Augustin et des Jérôme, et que ce fut toujours contre les adversaires sortis de son sein, contre les penseurs nourris de sa théologie, que le catholicisme déploya toute sa puissance et obtint ses plus beaux succès.

» J'en dirai autant de la philosophie critique, de la doctrine libérale qui fit la révolution française. Ce n'était rien pour elle d'avoir fait jurer la promesse d'une constitution au Jeu de Paume, d'avoir démoli une prison d'État qui tombait en ruines, brûlé des titres nobiliaires sans considération et sans valeur dans l'opinion publique; c'était contre les promoteurs mêmes du serment patriotique, contre les vainqueurs de la Bastille, contre les sacrificateurs de la féodalité, contre les illustrations qu'elle avait produites, contre les popularités immenses qu'elle avait créées, qu'elle devait montrer tout ce qu'il y avait d'irrésistible et de prodigieux en elle. Ainsi, jamais son caractère providentiel et son génie invincible n'apparurent avec plus d'évidence et ne frappèrent davantage les esprits élevés, que lorsque le vulgaire, alarmé et trompé par le spectacle des divisions croissantes et des épurations successives, crut fermement que la révolution ferait comme Saturne, et qu'elle se laisserait détrôner après avoir dévoré tous ses enfants, parce que tous ses enfants n'étaient pas également capables de marcher aussi vite qu'elle. Facilemeut victorieuse d'un trône chancelant, d'une noblesse discréditée et d'un clergé aux abois, elle ne prit réellement son attitude majestueuse et terrible, elle ne révéla la force indomptable attachée à la cause du progrès, que lorsqu'elle sembla se frapper elle-même dans ses membres les plus vigoureux ; lorsqu'elle n'eut plus seulement à renverser d'un souffle les nains épuisés de la vieille monarchie, mais à combattre les hommes à proportions colossales qu'elle-même avait enfantés, c'est-à-dire lorsqu'il fallut contraindre Mounier à l'exil, dépopulariser Mirabeau, condamner Barnave, proscrire Lafayette, immoler Vergniaud, et porter la main jusque sur *le Roi des halles*, Danton !

» Mais si la révolution, s'accomplissant sous l'influence d'idées subversives et de passions désorganisatrices, fut impitoyable envers ceux de ses enfants qui craignirent de suivre jusqu'au bout sa périlleuse carrière ; si le christianisme, avec son dogme de l'esprit et de la chair, du paradis et de l'enfer, des élus et des réprouvés, n'eut que des anathèmes et des malédictions pour ses schismatiques et ses hérésiarques, il ne doit pas en être ainsi de la doctrine de la paix et de l'unité, de la société qui ne croit plus ni à Satan ni à César, de la religion qui n'admet plus ni imprécations ni sacrifices. A tous ceux qui, depuis la mort de Saint-Simon, se sont éloignés successivement de nous, dans des dispositions plus ou moins hostiles, à tous nous rendons hommage pour le passé et nous adressons des vœux de réconciliation pour l'avenir. Je rends surtout cet hommage et j'adresse ces vœux à celui qui, placé pendant deux ans à côté de notre chef suprême, a contribué si puissamment à nos progrès, et dont le nom, glorieusement attaché à nos premières douleurs et à nos premières joies, conserverait ou accroîtrait bien mieux son éclat au second rang de la hiérarchie saint-simonienne qu'à la tête des plus énergiques protestants. S'il était là, sans être le premier, la reconnaissance, le respect et la tendresse filiale d'une famille nombreuse qui a foi qu'elle représente l'humanité tout entière, lui feraient sentir plus que jamais sa suprématie ; il serait le père de tous, moins deux hommes, et, dans sa retraite, il n'a plus de fils!... Enfants de Saint-Simon, tous nous lui devons trop pour que la pensée de son isolement ne soit pas pour nous remplie d'amertume...

» Et qui oserait douter ici de la sincérité des sentiments que j'exprime? On le sait, car je l'ai déclaré hautement en plus d'une occasion, mes relations, mes affections personnelles étaient presque toutes avec ceux de nos frères qui ne sont plus à mes côtés. L'un d'eux, celui dont la parole a été la plus véhémente (Jean Reynaud), a donné, dans sa protestation, un souvenir à notre franche amitié. Certes, je n'ai pas été insensible à ce témoignage public d'un attachement qu'une séparation déplorable n'a point attiédi; mais je me croirais indigne de l'apostolat si des considérations particulières avaient pu me faire hésiter d'entrer dans la voie où ma conscience m'appelait; et dès lors, maîtrisant les douleurs d'une fraternité violemment brisée, j'ai dit comme le poëte qui, placé entre l'amitié et sa conviction, opta courageusement pour ce qui lui paraissait le plus juste et le plus vrai...

» Je vous rappelais tout à l'heure l'histoire de la révolution, pour établir, par l'autorité de l'expérience, que, selon l'expression de Montesquieu, toute société qui semble destinée à périr par la guerre civile est plus vivace que jamais et plus près de conquérir que d'être conquise. Je vous disais que le char du progrès avait alors foulé la plupart de ceux qui, après l'avoir poussé en avant, avaient fini par s'effrayer de sa vitesse et par s'opposer à sa marche. J'ajouterai maintenant que les révolutionnaires qui eurent l'horrible courage de rester debout, fermes et impassibles, sur ce char ensanglanté, jusqu'à l'entier accomplissement de leur affreuse mission, furent longtemps jugés et condamnés, sans avoir été entendus ni défendus. On exécrait leur mémoire sans leur tenir compte des nécessités épouvantables qui avaient pesé sur eux, sans examiner s'ils n'avaient pas sauvé la France et la révolution, au prix de leur vie et de leur nom.

» Eh bien! ce fut au milieu et sous le règne de ces préventions invétérées que, venant à étudier attentivement le grand drame de 1789 à 1793, il me parut que la physionomie des acteurs avait été odieusement altérée; et dès lors, peu soucieux des récriminations contemporaines, et tout en faisant une large part de réprobation à la partie sanguinaire du républicanisme impitoyable, je réclamai justice pour l'intelligence supérieure et le désintéressement incontesté du tribun qui avait présidé au terrorisme, et j'osai demander au tribunal de la postérité de réviser le jugement rendu par défaut contre Robespierre, selon le mot de Cambacérès à Napoléon.

» Aujourd'hui ma tâche est plus facile et plus belle. Ce n'est plus pour le courage qui détruit et qui frappe inexorablement, mais pour celui qui fonde et qui donne la vie, que j'ai à rendre témoignage. Ce n'est plus le génie de la destruction, immolant tout ce qui lui résiste, que j'ai à réhabiliter, c'est l'organisateur pacifique, répondant par une parole religieuse à une parole insultante; c'est le digne héritier de Saint-Simon, que mon respect et mon amour vont chercher au milieu des outrages. Ce n'est plus le tribun austère qui mérita sa réputation d'homme de sang parce qu'il avait trempé sa main dans le sang; ce n'est plus le sacrificateur inflexible qu'il s'agit d'envisager sans effroi et d'apprécier sans passion : toute mon audace se borne à ne pas craindre les éclaboussures de la boue que l'on jette au visage d'un homme que j'ai accepté pour père, et auquel on s'efforce vainement de faire un renom d'immoralité sans qu'il ait trempé dans l'immoralité, et à cause même de ses prétentions à donner une nouvelle morale supérieure à l'ancienne, à ce monde superstitieux ou incrédule qui l'accuse ou va l'accuser, du sein de la débauche et de la dissolution. »

Parmi les fidèles saint-simoniens dont les événements de novembre avaient attristé la foi et troublé la conscience, se trouvait une jeune femme, justement estimée et chérie dans la famille nouvelle, Véturie Espagne, membre du second degré. Après les dramatiques séances où l'attitude calme, imposante et paternelle d'Enfantin, avait tant contrasté avec la virulence de langage de quelques dissidents venus là pour protester, Véturie s'était éloignée du centre de la doctrine, pour retourner à Metz dans ses foyers. C'est à Metz qu'Enfantin lui fit remettre par Ollivier et Simon cette admonition apostolique :

« Ma bonne fille, vous avez été trop craintive avec votre père, il ne vous connaît pas encore aussi bien par *vous* que par *lui*, il vous *devine* plus qu'il ne vous *sait;* il vous aime beaucoup plus que vous ne l'aimez ; il pourrait donc se tromper, par votre faute, dans la parole qu'il va vous adresser; faire faillir son père, ce n'est pas bien, n'est-ce pas, ma fille ? Or, puisque vous m'avez quitté, je viens donc vous gronder en m'exposant même à faillir encore, parce que je veux vous forcer à vous découvrir à moi, de manière à ce que je ne puisse plus me tromper avec vous.

» Que faites-vous, chère fille, loin de nous? Déposez-vous, dans un journal de votre pensée, les rêves de la nouvelle Thérèse? Voyez-vous notre *ciel*, l'AVENIR, avec son bonheur pour tous, sans *enfer*, sans *réprobation* et sans anathème? Oh ! que le monde actuel a besoin de nous ! Combien la révolte contre l'église de Marie a brisé le cœur de pauvres filles, qui jadis trouvaient un refuge dans le cloître, et un baume salutaire dans le mystique amour du divin époux !

« La fille de Saint-Simon est grande et forte ; elle ne montera pas sur le bûcher, on ne lui versera pas l'huile bouillante sur le crâne, on ne lui tenaillera pas le sein. Oh non ! que serait-ce pour elle ? Elle est grande et forte, la fille de Saint-Simon ; il lui faut aussi une vie *apostolique* toute NOUVELLE, car elle veut avoir sa place dans le temple et dans la famille, et non dans la famille seulement. *Sibylle* nouvelle, elle ne perdra pas la *raison ;* elle ne marchera point échevelée, en *délire,* car elle n'est pas VICTIME en son *esprit ;* elle n'est pas non plus MARTYRE comme la sainte *chrétienne*, dans sa *chair ;* c'est selon l'AMOUR que vit la fille de Saint-Simon, et non selon la *chair* qui comprime l'*esprit*, ou selon l'*esprit* qui repousse la *chair ;* la fille de Saint-Simon est grande et forte, elle doit donc être prête à souffrir, s'il le faut, dans son AMOUR, comme la païenne dans son *esprit,* comme la chrétienne dans sa *chair,* car c'est un amour tout nouveau qu'elle doit *enseigner* et présenter en *exemple* au monde.

» Eh bien ! que faites-vous, loin de nous, ma fille ? Vous avez fui ! quoi ? le *martyre* ou le *sacrifice,* vous qui pourtant voulez être plus qu'une *chrétienne* ou qu'une *païenne,* vous qui portez le nom de Saint-Simon ; et que trouvez-vous donc à

Metz qui élève votre âme et qui l'agrandisse plus que ce que vous laissez à Paris? Vous avez fui! vous trouviez-vous trop faible? mais vous l'êtes bien plus sans notre amour qu'avec lui, et si vous vouliez une absence salutaire, vous deviez nous la demander, et nous vous l'aurions ordonnée, parce que nous nous serions bien compris. Mais vous partez sans vous confier à nous, et vous faites passer, par mes mains, une lettre à Félicie, où vous ne parlez qu'au milieu de nuages que ma vue de père n'a même pu percer.

» Véturie, ma chère fille, je te le dis encore, tu es plus faible, doutant de notre amour pour toi, que tu ne le serais si notre volonté t'avait dirigée à Metz, et non la tienne; demande-moi donc de suite l'autorisation *motivée* de rester quelque temps loin de nous ou reviens ici, au milieu de tes prolétaires, de tes petits enfants et de nous tous, car tu es aimée par tous nos enfants, et par celui qui est leur père et le tien. »

Voici la lettre adressée par Enfantin à Ollivier et à Simon, et dans laquelle se trouvait la précédente :

« Mes chers enfants, de Toulouse et de Metz, les nouvelles sont bonnes; Montpellier a été vivement secoué, mais Ribes et Fraisse vont bien aujourd'hui, on vous enverra ma lettre à Ribes et celle de Baud à Fraisse, et aussi, je l'espère, les deux premières séances de la rue Taitbout. Nous n'avons rien de Bazard.

» Pour toi, Ollivier, j'ai reçu deux lettres dont Pereire te parlera, il n'y a rien de pressant.

» Quant à Simon, Caroline est bien dans sa foi, j'ai manqué voir un vrai miracle plus prodigieux que ceux des chrétiens, elle a presque *douté* de moi!!!! Y a-t-il assez de points d'exclamation?

» Qu'Alexis (Petit) m'écrive, j'ai besoin, moi qui ne l'ai pas embrassé avant son départ, et qui voulais pourtant, par un baiser, lui graver dans le CŒUR ce que ma parole avait déposé le matin dans son *esprit*, rudement et sous la forme mâle; j'ai besoin qu'il me dise si sa vie est meilleure en ce monde, s'il marche avec sa foi, avec l'amour de tous, lui qui voudrait donner de l'amour à tous, et qui a toujours craint de n'être pas digne de celui des autres.

» Une lettre pour Hoart est venue de Nancy, d'une dame qui a vu Tourneux (j'ai oublié son nom), et qui est plus que bien disposée.

» Ici rien de nouveau, si ce n'est que nos séances du matin continuent *chaque jour*, que nous entrons dans la confession, et que là se compose le troisième volume d'exposition, qui vaudra largement les deux autres. C'est superbe.

» Les industriels marchent très-bien. Flachat est solide.

» Les finances paraissent devoir prendre bientôt une bonne tournure, et toujours languissent encore.

» Les protestants sont toujours aussi muets. Charton est visité par Rigaud. J'espère bien que celui-ci le ramènera; cependant cela présente de grandes difficultés.

» Quant à Fournel, rien de nouveau, mais encore bon espoir, très-bon espoir.

» Adieu, enfants, les moments de votre père sont rares, quoiqu'il soit un peu moins accablé des visites de tous.

» On vous dira que Laurent et Transon protestent; il n'en est rien, mais ils sommeillent l'un et l'autre. »

Les deux lettres que nous venons de reproduire étaient du 26 décembre; elles furent suivies d'une troisième, adressée aux missionnaires saint-simoniens à Metz, et datée du 30 du même mois :

« Chers fils, voici une lettre d'un de vos amis que je vous envoie, quoiqu'elle n'ait rien de bien intéressant comme doctrine, mais parce que, loin de nous, ces témoignages d'affection personnelle sont plus sensibles.

» Je ne vois rien de bien net dans l'église de Metz; je sens bien Maréchal et Faivre en *retraite*; Belveze *suspendu en l'air* m'étonne un peu; quant aux autres, Simon, tu ne me dis pas comment ils sont; Armand, que devient-il? La sœur de Maréchal, sa femme et Mme Faivre sont-elles toutes trois aussi abattues que les deux hommes? Si cela est, je vous déclare, chers enfants, que c'est votre faute. Fouché, ministre de la police, disait que là où il y avait huit personnes réunies était nécessairement un espion de police, et moi je vous dis que là où sont trois femmes, il y en a une au moins qui, de toute nécessité, doit aimer l'œuvre que le père Enfantin tente avec ses enfants, car le père Enfantin est un gaillard qui a entrepris une grande et belle chose pour les femmes.

» Simon, Caroline est bien, elle se lie très-intimement avec Annette Flachat, j'en suis enchanté; elle ne pouvait mieux faire. Léon a bonne mine, le froid ne le fatigue pas. Et vous deux, pauvres garçons, vous êtes souffrants et vous ne me dites point de quoi ! Heureusement, comme je l'avais dit à Ollivier, c'est commode de voyager avec un médecin, on peut se permettre beaucoup de choses.

» Notre emprunt marche ici, et ce premier pas portera, j'espère, rapidement ses fruits, surtout si vous, missionnaires, sonnez ferme de la trompette !

» Capella est superbe. Lemonnier va bien ; Bouffard doit être en ce moment à Montpellier ; Hoart reste à Toulouse et visite Castelnaudary, Castres, Montauban.

» Les séances du matin vont de mieux en mieux ; nous allons en avoir quelques-unes le soir de huit heures à minuit, pour qu'on se connaisse encore mieux.

» Adieu, chers fils, Pereire vous a fait passer l'argent que vous désiriez, je voudrais bien que vous nous rendissiez au plus tôt la pareille. »

Les églises du Midi, un instant alarmées et indécises au premier bruit de la retraite de Bazard et de la protestation de Reynaud, revenaient peu à peu de leur émotion, et se maintenaient dans le giron de la seule hiérarchie existante. Rességuier, toutefois, gardait encore la neutralité et persistait dans l'abstention. Nous avons vu qu'à Metz, deux disciples influents, Faivre et Maréchal, avaient imité les dissidents de Paris. Il en fut autrement dans l'Église d'Afrique. Là, les anciens élèves de l'École polytechnique, Lamoricière, Lefranc, etc., ne voulurent voir dans la scission parisienne qu'une occasion de manifester la vivacité de leur adhésion aux idées saint-simoniennes. Lamoricière écrivit, le 25 décembre, à Gustave d'Eichthal.

« 25 décembre 1831, devant Alger.

» Mon cher ami,

» ..... J'ai vu dans *le Globe*, que me prête le capitaine Lefranc, qu'il y avait eu des discordes dans le temple de la paix. Eh quoi ! toujours de l'antagonisme ! J'étais si heureux de penser qu'il y avait au monde des gens qui vivaient entre eux comme frères et qui reconnaissaient un chef ! Sommes-nous donc encore loin de cette époque d'harmonie que je sens et que je crois si bien comprendre ? Je ne puis vous dire le chagrin que m'a causé la protestation de Reynaud (*Globe* du 30 novembre). Je ne sais que vaguement de quoi il y est question, et je ne puis avoir d'opinion sur le fond de la question. Mais je vois encore du fiel dans un ministre de la paix. La réponse de Chevalier au père Bazard n'en est pas exempte. L'antagonisme doit-il donc exister encore dans le sanctuaire de l'avenir? Je voulais, depuis longtemps, vous demander si vous aviez quelques principes de morale reliés à votre dogme, je crois que c'est là que gît la difficulté entre les dissidents et vous; mais, lors même qu'il y aurait pour le moment quelque difficulté qui paraîtrait insoluble, JE SUIS SI PROFONDÉMENT CONVAINCU DE LA VÉRITÉ DE LA DOCTRINE que je m'écrierais comme Galilée : « *Dieu fera la grâce qu'on résou-* » *dra l'objection.* »

» Je vous en supplie, ne me laissez pas sans pâture, dans le moment actuel surtout, lors même que vous ne m'écririez qu'un mot, si vous êtes trop occupé. Je désirerais bien savoir au juste la cause de cette malheureuse séparation, et s'il n'y a rien eu, dans tout cela, qui tînt aux hommes en particulier et à toutes ces petites passions, si indignes d'un cœur qui se dévoue aux progrès de l'humanité.

» Je ne crois pas que ce qui se passe en Afrique réveille aujourd'hui beaucoup de sympathies en

France, aussi je ne vous en parlerai point en détail; mais il est un fait qui vient de se passer sous mes yeux, et qui m'a vivement affecté; le croyant de quelque importance, je ne veux pas le passer sous silence. Vous savez que je suis dans le 2e bataillon de zouaves; notre effectif n'étant point encore complet, nous recrutons parmi les indigènes. Dernièrement, un jeune nègre vint se présenter pour s'engager : on le reconnut propre au service, et on l'inscrivit. Quelques jours après, un Arabe, qui habite la plaine de la Mitidja, vint se présenter chez le chef de bataillon pour réclamer un esclave nègre qui s'était échappé de chez lui, et qui s'était engagé dans les zouaves, d'après les renseignements qu'il avait pris. Le chef de bataillon répondit que « son nègre s'étant réfugié auprès des Français, il était libre, parce que, en France, on ne pouvait acheter un homme comme un mouton ou un cheval, et qu'il n'avait aucun droit à le réclamer; qu'ils étaient bien heureux qu'on ne publiât pas qu'à Alger il n'y avait plus d'esclaves, mais que ceux qui ne voulaient plus rester chez leurs maîtres, on ne pouvait les y contraindre. »

» Ce furent là ses paroles. J'étais présent à la discussion; l'Arabe répétait toujours qu'il l'avait acheté pour de l'argent et qu'il était à lui, etc... Nous le renvoyâmes. Il alla se présenter chez le général en chef, qui, de suite, le fit conduire à notre cantonnement avec un interprète et des gendarmes, avec ordre de lui rendre immédiatement son esclave. Ce fut inutilement que le chef de bataillon fit toutes les représentations imaginables; il prit sur lui de suspendre l'exécution de l'ordre; on lui envoya un aide de camp pour le faire exécuter.

» Le malheureux esclave, ayant aperçu son maître de loin et craignant le sort qui l'attendait s'il retombait entre ses mains, s'échappa, et il fut impossible de le retrouver ce jour-là.

» Le soir, il revint au cantonnement, quand il eut appris que ceux qui le cherchaient étaient partis. Il nous demanda si les Français ne voulaient pas le protéger, si lui n'était pas Français depuis que nous avions pris Alger. Il pleurait à chaudes larmes et, nous montrant la frégate *la Victoire* qui était en rade, il nous disait : « Si je savais qu'on me reçût à bord pour m'en aller en France, je me jeterais à la nage pour me sauver. » (Il sait, lui qui est né près de Tombouctou, que la France est une terre de liberté). C'était une scène déchirante pour nous, car les militaires, hommes de sang et de carnage, ont souvent le cœur plus sensible que les industriels d'*aujourd'hui*, hommes de paix et d'argent. Nous ne pouvons éluder l'ordre que nous avons reçu; on a trouvé moyen de gagner du temps en faisant observer que le maître du nègre devait rembourser à l'État les frais faits pour l'équipement de son esclave, avant qu'on le lui rendît. On annonce que le général Rovigo est en mer; s'il arrive demain, peut-être, en lui soumettant la question, la jugera-t-il d'une manière plus juste; mais les vents sont au sud-ouest, et s'il tarde, notre pauvre nègre restera en esclavage.

» Il me semble important que l'on ne consacre pas le fait de l'esclavage dans les possessions françaises en Afrique [1]. Il serait absurde de le faire

1. On trouve dans le livre du docteur Warnier : *l'Algérie devant l'Empereur*, une anecdote fort curieuse sur l'esclavage des nègres chez les Arabes. « Nous profitâmes, dit M. Warnier, le colonel de Maussion et moi, de la première conférence avec Abd-el-Kader, pour réclamer de lui des ordres à ce sujet (l'échange des prisonniers). Il croyait nous avoir rendu tous nos prisonniers. Cependant les nègres, esclaves ou non, n'avaient pas été restitués. — « Les nègres, nous dit Abd-el-Kader, cela fait partie du butin, avec les chevaux, les troupeaux, etc., et le traité ne spécifie pas d'échange à ce sujet. — Notre religion, répliqua le colonel de Maussion, nous apprend que tous les hommes sont frères, et nous défend d'accepter l'interprétation que tu donnes au traité. — Votre religion! — Ce mot paraît

au moment où on parle de s'entendre avec l'Angleterre pour abolir la traite des nègres. D'ailleurs, le climat est si tempéré ici que l'on ne peut donner pour cette colonie aucune des raisons spécieuses qu'on répète sans cesse pour les autres, quand on discute froidement la question d'économie. Il me semble qu'il y a dans ceci matière à faire un article dans *le Globe;* votre parole est celle de l'affranchissement, tâchez, tâchez que tous ceux qui cherchent votre protection la trouvent ! Honte et opprobre au général français qui fait maudire son nom par les esclaves qui réclament près de lui l'exécution des lois qui les émancipent ! Si donc vous trouvez place dans vos colonnes pour défendre mon pauvre client, parlez ; que votre voix soit entendue, même au milieu des orages qui grondent autour de vous ; parlez, et les malheureux vous béniront !

» Adieu, mon cher ami ; je ne puis causer

étonner Abd-el-Kader. — Mais vous n'en avez pas, nous dit-il, car, si vous étiez chrétiens, comme vous le prétendez, vous auriez des prêtres, des églises, et nous serions les meilleurs amis, attendu que le Coran, notre livre sacré, nous ordonne de vivre en paix avec les chrétiens et de respecter la religion de Jésus, fils de Marie, qui est une religion révélée, comme celle de l'Islam, qui en est la confirmation. » — La communication à la reine, du procès-verbal de cette conférence, ajoute M. Warnier, eut pour résultat la création immédiate de l'évêché d'Alger. »

plus longtemps avec vous ; pensez à moi, écrivez-moi.

» Je vous embrasse.

» De Lamoricière. »

Deux jours après, le capitaine Lefranc écrivait la lettre suivante au rédacteur en chef du *Globe :*

« Alger, le 27 décembre 1831.

» M. Hoart, par sa lettre en date du 14 octobre dernier, m'annonçait que *le Globe* me serait envoyé, ainsi que plusieurs ouvrages et brochures ; tout cela m'est en effet parvenu, je vous en fais mes remercîments ; je remercie aussi Hoart de m'avoir écrit, je le remercie surtout de ce langage bienveillant et tout fraternel qu'il a employé : si déjà mes sympathies et mon dévouement ne vous avaient été acquis, sa lettre eût été bien propre à le faire naître, je lui en rends grâces du fond de mon cœur.

» Lamoricière est avec son bataillon à plus d'une lieue d'Alger, il vient de temps en temps à la ville ; nous nous voyons alors, nous causons beaucoup de la nouvelle doctrine : lui, plein de jeunesse, de chaleur, d'enthousiasme, d'une foi vive, ardente, entraîne, anime, le vieux partisan de Condillac, de d'Holbach et d'Helvétius, relevé naguère par Cousin, T. Jouffroy et Damiron, de la fange du matérialisme ; lui enfin trouve, dans la religion nouvelle, cette autorité dont il sent profondément le besoin, et un aliment à cet amour qui fut toujours pour son cœur le premier des biens.

» Après avoir lu *le Globe*, je l'envoie à Lamoricière ; il est lu plus tard par plusieurs personnes, entre autres par un de mes camarades, venu d'Amérique, où il a demeuré plusieurs années. Il en a rapporté la conviction que la république était le meilleur des gouvernements et que la France y arriverait infailliblement ; la lecture du *Globe* a déjà ébranlé sa foi républicaine, il comprend qu'avec les éléments qui existent, une forme de gouvernement où il faut abnégation de soi et dévouement, la république, est une chimère. Bientôt, j'en suis persuadé, il verra qu'il y a mieux à faire parmi nous.

» D'autres de mes camarades, avec lesquels je suis en relation journellement, ne lisent pas, mais ils parlent, ils aiment à parler, à discuter la doctrine nouvelle ; c'est beaucoup, l'attention est éveillée. Il en est dont l'esprit a trop de portée, dont le cœur est trop bien placé pour ne pas voir bientôt que vous seuls en ce moment avez de l'avenir, que vous seuls pouvez empêcher d'affreux déchirements. Puissent les gens influents, les gens qui possèdent un restant de pouvoir, sentir cette vérité!

» Nous nous sommes mis récemment en rapport, le docteur Antonini et moi, je lui ai mis entre les mains la première année de l'exposition de la doctrine; il n'est pas complétement saint-simonien, il le deviendra, j'en suis convaincu, car il lit et médite; il comprendra le principe religieux qui lui échappe encore, et qui, il faut en convenir, est loin d'avoir reçu un développement propre à satisfaire entièrement, même les plus religieux.

» Je vous serai reconnaissant si vous voulez bien m'envoyer ce que vous avez concernant le saint-simonisme, entre autres l'Économie politique et la Politique du père suprême Enfantin; la seconde année de l'exposition, annoncée comme étant sous presse, paraîtra-t-elle? Dans le cas de l'affirmative, je me recommande à vous.

» Je vous prie, monsieur, d'être près de la famille saint-simonienne l'organe de mes sentiments d'affection et d'entier dévouement.

» Je joins à ma lettre un effet de 139 fr. 52 c. sur M. Chenon, proviseur du collége royal à Metz, dont je vous prie de verser le montant à votre caisse.

» Le général Savary est arrivé ici le 25 avec son chef d'état-major, le maréchal de camp Trézel; il a reçu hier et aujourd'hui les diverses autorités civiles et militaires. M. Pichon est attendu très-prochainement. Le général Berthezène s'est embarqué aujourd'hui à midi pour retourner en France. »

Gustave d'Eichthal n'ayant pas répondu assez promptement à la lettre du capitaine Lamoricière, celui-ci s'en plaignit vivement dans une lettre fort intéressante qu'il écrivit à un officier de ses amis, en garnison à Perpignan, et dont nous croyons devoir reproduire les principaux passages :

« Au camp devant Alger, 10 janvier 1832.

» Mon cher West,

» Ce n'est qu'aujourd'hui, 10 janvier, que j'ai reçu le paquet de brochures que vous avez chargé M. Deforges de me remettre; depuis trois semaines il était à Alger, mais il ne savait où me trouver, parce que je suis toujours aux avant-postes, à trois lieues de la ville, et que la communication n'est pas toujours fort sûre, principalement quand on ne connaît pas bien la route. Je ne vais à Alger qu'une fois par semaine, et, aujourd'hui, m'y étant rendu, je suis allé chez M. Deforges, que je n'ai point encore rencontré; mais on m'a remis de sa part l'envoi que vous me faites. Je ne puis vous dire le plaisir que j'ai eu à recevoir tout ce que contenait votre petit paquet; c'est pour nous ici un vrai bonheur que d'avoir de temps en temps la preuve que l'on pense encore à nous en France; et, d'ailleurs, je désirais vivement avoir connaissance des travaux de la doctrine depuis la publication du premier volume de l'Exposition. J'ai écrit trois fois à d'Eichthal pour le prier de me faire parvenir ce que vous m'envoyez; je n'ai pas encore reçu de réponse. Je lui demandais aussi de continuer à m'envoyer *le Globe, que Bigot recevait ici et qu'il me communiquait toujours; mais, je vous le dis, je n'ai point eu de réponse.*

» Je sais que les membres du collége ont de grandes occupations, mais saint Paul avait le temps d'écrire aux Athéniens! Je viens de prononcer un nom qui me rappelle de bien tristes souvenirs: mon malheureux ami Bigot est mort. Qui plus que moi a pu sentir ce cruel événement? Nous avions été longtemps les seuls saint-simoniens de l'armée d'Afrique, nous travaillions ensemble, nous nous fortifiions l'un l'autre, et nous avions fini par amener à nous plusieurs de nos camarades. Je viens aujourd'hui même de remplir un dernier devoir envers lui, en rassemblant dans une petite caisse le peu de choses qui nous sont restées de lui et que son infortuné père nous a priés de lui envoyer. Je ne puis vous dire ce que j'ai éprouvé en retrouvant, au milieu de ses livres, un exemplaire de *l'Exposé de la doctrine*, que nous avions bien souvent feuilleté tous les deux, et qui nous avait suivi partout. C'est surtout, je vous l'assure, quand on est isolé comme je le suis, que l'on sent vivement la perte d'un ami.

» Vous êtes sans doute bien plus fort que moi en fait de doctrine, et, en conséquence, comme j'entends parfaitement le principe de l'autorité, c'est tout au plus si je crois pouvoir discuter avec vous sur ce que vous me dites de la guerre ; néanmoins, je vous avoue que je ne puis encore l'envisager tout à fait comme vous ; car l'antagonisme ayant été jusqu'ici une des conditions du développement de la civilisation, on ne peut nier, ce me semble, que, chez les peuples *peu avancés*, la guerre ne soit véritablement une œuvre d'*apostolat* auprès de gens qui n'entendraient de longtemps des raisonnements qui ne seraient point appuyés par des baïonnettes ; et je regarde la conquête comme un puissant moyen d'importation d'idées. Quant à l'avenir de la société, je suis pleinement de votre avis, mais encore faudra-t-il *longtemps*, qu'aux limites de la civilisation et de la barbarie, il y ait des gens qui portent le sabre ; or, c'est précisément sur ce point que nous sommes placés.

» Sans discuter ici les avantages que je crois que la France peut retirer immédiatement de ce pays-ci, ne croyez pas que les idées françaises, qui, jadis importées en Égypte, y portent déjà leurs fruits, ne puissent aussi germer sur cette plage. Le peuple arabe eut autrefois une grande mission de prosélytisme dans l'*Orient*, partout il a laissé des traces profondes de son passage. Qui sait s'il ne doit pas reparaître sur la scène du monde, initié par nous aux croyances de l'avenir ?

» Répondez-moi sur tout ceci, car je vous préviens que je ne suis nullement entêté dans mes opinions et que je cherche de bonne foi la vérité.

» Il y a ici plusieurs saint-simoniens dans l'armée ; nous nous voyons le plus souvent que nous pouvons, et nous comptons nous réunir d'ici à quelque temps. Je vous citerai, entre autres, M. Lefranc, capitaine d'artillerie ; M. ***, chirurgien-major d'un hôpital à Alger ; tous deux reçoivent *le Globe*. Quelques-uns sont rentrés en

France, mais j'espère que nous en trouverons dans les régiments qui sont arrivés et qui vont venir. Du reste, chacun de nous rayonne plus ou moins dans la petite sphère où il est placé : nous sommes connus et nous avons, partout où nous nous trouvons, de fréquentes discussions sur la doctrine.

» Nous avons appris avec peine la malheureuse séparation qui a eu lieu dernièrement dans le sein du collége ; j'aurais bien désiré savoir au juste de quoi il s'agissait ; si vous voulez continuer à m'écrire, je recevrai vos lettres avec reconnaissance, et vous me donnerez quelques détails sur les progrès que vous faites chaque jour ; envoyez-moi seulement deux pages tous les mois, et vous réjouirez mon cœur.

» Je pense que des détails sur l'Afrique vous intéresseraient peu ; aussi ne vous en donnerai-je point, et je me bornerai à vous dire que la colonisation marche et que le gouvernement semble vouloir donner plus d'étendue à ses entreprises. Il faut attendre le printemps pour voir décidément ce que l'on va faire.

» Adieu, mon cher ami, je vous remercie en mon nom et en celui de tous les saint-simoniens qui sont en Afrique, de l'envoi que vous avez bien voulu me faire. Remerciez-en pour nous M. Capella ; puissé-je un jour vous embrasser ; en attendant, recevez l'assurance de ma sincère amitié.

» Tout à vous,

» De Lamoricière. »

XVI

(1832)

(Janvier.)

Pendant que les saint-simoniens d'Afrique s'affligaient, comme ceux de France et de Belgique, de la rupture survenue entre les chefs de la doctrine, Bazard s'occupait, dans sa retraite, à préparer une réfutation des théories d'Enfantin ; le germe de nouvelles divisions se manifestait entre le chef suprême et deux membres du collége, sur la question transitoire de la direction politique à suivre dans les prédications et *le Globe*.

Jusque-là, tous les organes du saint-simonisme, journaux, prédicateurs, professeurs, missionnaires, avaient développé les idées hardiment progressives, les principes de régénération radicale et universelle, posés solennellement dans la proclamation de Bazard-Enfantin.

Depuis le 30 juillet 1830, à mesure que le gouvernement avait paru oublier son origine et prendre une allure plus ou moins conservatrice et même rétrograde, les rédacteurs de *l'Organisateur*, du *Globe*, les orateurs de la salle Taitbout, de l'Athénée, de la Sorbonne, etc., s'étaient appliqués unanimement à combattre cette tendance qu'ils jugeaient contraire à la doctrine, à la religion du progrès. Barrault et Laurent avaient attaqué vivement, l'un et l'autre, le système de la non-intervention qui devait mener fatalement à celui de la paix à tout prix, et livrer indéfiniment la Pologne aux Russes et l'Italie aux Autrichiens. Nulle part le mot odieux : *L'ordre règne à Varsovie*, n'avait été aussi énergiquement flétri qu'à la chaire saint-simonienne. Dans son dernier discours, du 11 décembre, Transon, après avoir dit : « *Nous allons prêcher la paix* » s'était hâté d'ajouter : « Mais ne craignez pas que notre bannière s'incline jamais devant la maxime profondément irréligieuse de *la paix à tout prix* et du *chacun chez soi.* »

Cette réserve avait trouvé de fidèles échos chez les saint-simoniens d'Afrique ; elle était nettement exprimée dans la lettre de Lamoricière à son ami

West. Mais d'autres bons esprits, qui s'étaient approchés de la nouvelle doctrine et qui en observaient sympathiquement la marche sans l'adopter entièrement, pensaient au contraire que le saint-simonisme devait se montrer exclusivement pacifique, et se séparer absolument du libéralisme révolutionnaire au dedans et au dehors. Telle était la pensée des savants et habiles ingénieurs dont nous avons cité des lettres, datées d'octobre 1831.

« Souvent et très-souvent, avait dit M. P... T... à Enfantin, vous avez parlé des *moyens de transition*, je le sais. Mais en vérité qu'avez-vous fait pour les appliquer? suffit-il de dire de temps en temps dans *le Globe* ou ailleurs : *Voici des moyens de transition.— Qui veut des moyens de transition?* et d'en donner une liste comme une litanie? — Croyez-vous avoir rendu ces idées bien populaires? — Non, elles sont à peine remarquées même par les saint-simoniens, toute votre activité est dirigée vers la *prédication*, *l'enseignement*, *le progrès du dogme*.

» Ce n'est assurément pas que nous blâmions ce que vous faites dans ce sens, — nous convenons qu'il était nécessaire de frapper les esprits, — qu'il fallait *prêcher*, *enseigner*, *perfectionner le dogme ;* nous savons qu'il était important d'offrir à des hommes *sceptiques*, *égoïstes*, et (comme ils disent) *froidement positifs*, le spectacle de la *foi*, du *dévouement*, de l'*enthousiasme*, — tout cela était bon, utile, nécessaire. — Sur ce point nous ne différons avec vous que sur le mode (je vous ai dit ailleurs les inconvénients que nous trouvons à celui que vous avez adopté). — Mais est-ce bien tout ? Nous sommes loin de le penser.

» Selon nous, il faudrait travailler sans cesse à la *réalisation progressive* de la doctrine dans la *société actuelle*, il faudrait que chaque jour amenât sa tâche, —il faudrait profiter de toutes les occasions qui se présentent d'accomplir un progrès matériel, fût-il infiniment petit, — se jeter au travers de tous les partis, — apporter toujours sur chaque question à l'ordre du jour la solution la plus progressive,— travailler sans cesse à anoblir l'industrie, à élever les industriels, à renforcer la tendance pacifique de la société, — traiter incessamment toutes les questions *déjà mûres*, comme l'établissement des banques, les emprunts, l'assiette des impôts et toutes celles qui se rattachent à l'amélioration matérielle du sort des masses — et tout cela, sans dire un mot d'avenir, de Saint-Simon, tout cela en se tenant rigoureusement au point de vue rationnel.

» Peut-être me direz-vous avec M. Bruneau que, sauf le dernier point, vous faites tout cela. — Mais où et comment? je ne puis le comprendre. Vous n'avez aujourd'hui qu'un seul organe qui puisse marcher dans cette voie, c'est *le Globe*. Or, je vous le demande, l'a-t-il suivie? Je vous ai dit dans ma première lettre ce que nous pensons de la rédaction de ce journal. La partie consacrée à la doctrine est beaucoup trop avancée pour un journal quotidien, elle est à très-peu près ce qu'elle devrait être dans *l'Organisateur*. La partie *journal* est au contraire beaucoup trop rétrograde, car elle ne sort guère du cercle libéral, et, sauf quelques expressions, elle pourrait servir au *National*, à *la Tribune* ou à *la Révolution*. On y remarque les mêmes nouvelles fausses ou vraies, ridicules ou probables, présentées sous le même jour, souvent avec les mêmes commentaires. Je dois dire, pour être juste, qu'au milieu de tout cela on trouve souvent d'excellents articles économiques ou politiques sur les lois ou les mesures proposées ou adoptées. — Mais de cet ensemble que peut-il résulter? — La rédaction de la *doctrine* est excellente sans doute, souvent même remarquable, mais, je le répète, elle est trop avancée pour les gens à qui elle est adressée et ils ne sauraient y rien comprendre. — Vous les repoussez par une foule de *mots* nouveaux pour eux, tandis que les idées convenablement amenées, et sans les mots, ne les effrayeraient pas. — Les bons articles dirigés dans un sens à faire effet sont lus avec méfiance ou ne le sont pas du tout, à cause de leur entourage. —Enfin la rédaction du *journal* vous donne un vernis *ultra libéral* tout à fait indigne de vous. »

Quand ces appréciations sévères, ces leçons de tactique, ces conseils prudents étaient parvenus à Enfantin, il avait encore à ses côtés l'ancien et hardi conspirateur Bazard, et, devant lui, un collége où siégeaient en majorité d'autres démocrates, également peu disposés à arborer la cocarde du *juste-milieu* et à rendre leur propre drapeau imperceptible. Mais après la retraite de Bazard, Leroux, Jean Reynaud, Carnot, etc., la vive critique de M. P... T... devait trouver un accès d'autant plus facile auprès d'Enfantin et de Rodrigues, qu'Enfantin s'applaudissait (voir sa note du 4 janvier 1833, datée de Sainte-Pélagie, deuxième volume, page 114) d'avoir été converti de bonne heure au *sentiment pacifique* par Rodrigues, qui était glorieux de l'avoir été lui-même par l'inspiration directe de Saint-Simon.

Au 1er janvier 1832, *le Globe*, sans perdre ses

anciennes formules : — *A chacun selon sa capacité, à chaque capacité selon ses œuvres,* — *les institutions sociales doivent avoir pour but l'amélioration morale, intellectuelle et physique de la classe la plus nombreuse et la plus pauvre; le Globe* ajouta à son titre ces deux épigraphes : APPEL AUX FEMMES — ORGANISATION PACIFIQUE DES TRAVAILLEURS. C'était l'annonce des travaux apostoliques qui devaient signaler particulièrement l'ère nouvelle, conçue et dirigée par Enfantin.

Mais le journal de la religion saint-simonienne avait éprouvé plus qu'une simple modification à son frontispice. Sa rédaction avait pris un caractère pacifique tellement accentué que deux des prédicateurs, restés attachés à Enfantin, Transon et Laurent, crurent y trouver la glorification du système de la paix à tout prix qu'ils avaient toujours combattu. Transon écrivit à ce sujet, au chef suprême, une lettre qui constate bien l'indépendance d'esprit et d'allure que la hiérarchie saint-simonienne, si légèrement accusée d'anéantir l'individualité, comme dans les anciennes théocraties, laissait aux disciples même les plus fervents, jaloux de maintenir leur libre pensée dans les limites de la dignité personnelle.

« Mon père, disait Transon, vous êtes fatigué de nous entendre, Laurent et moi, critiquer ce qui se fait dans la doctrine ; je vous assure que, pour ma part, je suis très-fatigué d'un tel rôle, et si vous ne pouvez pas marcher quand vos fils vous poursuivent de leurs doléances, croyez bien que je ne pourrais pas non plus tenir longtemps une pareille vie, et que les dix jours qui viennent de s'écouler m'ont usé plus que n'auraient pu faire six mois d'un travail assidu et utile.

» Mais puisqu'il faut que chacun affirme et se pose, je vais aussi me poser et affirmer.

» La raison de ma puissance, comme orateur, c'est que j'ai le don de sentir et d'exprimer ce qui convient *à tous*. D'où il résulte pour moi, c'est-à-dire de la volonté de Dieu (*puisque nul de nous n'est hors de lui*) ; d'où il résulte pour moi *le besoin* de m'inspirer du mouvement social et le *droit* de me mêler à l'action politique de la doctrine.

» Le mouvement social et l'action politique de la doctrine sur le monde extérieur se manifestent par la prédication et par *le Globe*. Si la prédication est plus brillante, l'action du *Globe*, étant plus continue et plus étendue, a plus de puissance.

« Jusqu'à présent on a cru que ces deux manifestations de la doctrine pouvaient se produire par des hommes tout différents de caractère et d'habitudes. Je déclare que c'est une grave erreur.

» Ceci n'est pas pour vous demander la permission d'écrire des articles au *Globe*, c'est pour vous en demander la direction, car nous, nous ne pouvons pas juxtaposer notre action ou la subordonner à ceux dont la manière de sentir est toute différente de la nôtre.

» Je vous demande, pour moi et pour Laurent, la direction du *Globe*, afin que nous puissions prêcher[1]; afin de ne pas avoir à user notre vie à modifier l'écriture de la doctrine.....

» Voici, d'ailleurs, comment nous entendons, nous, *le Globe* de 1832.

» La pensée unitaire et suprême de notre politique ce sera, selon votre propre inspiration, de provoquer directement l'avénement social et l'organisation de l'industrie.

» Mais, au lieu que d'autres n'ont su entrer dans cette voie qu'en compromettant le fruit des tra-

1. Transon avait parlé, le 1er janvier, sur l'affranchissement des femmes. Le compte rendu de son discours était accompagné de la mention des applaudissements qui avaient souvent interrompu l'orateur. Transon avait lu ensuite un écrit de Fourier, renfermant des vues très-avancées sur la même question.

vaux antérieurs de la doctrine, je veux dire en parlant un langage qui a repoussé les libéraux qui commençaient à nous comprendre et à nous suivre, sans attirer, comme ils en avaient la prétention, les hommes du *juste-milieu*, nous saurons nous faire entendre et aimer à la fois des uns et des autres.

» Nous saurons nous faire entendre du juste-milieu parce que nous prêcherons la paix, surtout parce que nous ferons ressortir ce qu'il y a de bon dans ce parti, sans lui adresser naïvement de si méchants compliments, comme de le glorifier de cette abnégation d'un nouveau genre qui lui a fait acheter la paix au prix de la Pologne et du crédit de la France. — Et prêchant la paix, nous serons pourtant compris des plus ardents libéraux, parce que nous saurons faire voir *en même temps* comment l'organisation de l'industrie produira naturellement ce que les hommes généreux, mais ignorant de Saint-Simon, espèrent encore, au dehors et au dedans, de l'emploi des moyens violents.

» Je n'ajoute plus qu'un mot relativement au personnel. Je voudrais que Flachat nous fût associé. C'est l'homme qui a le plus étudié et pratiqué l'industrie de toute la doctrine; il serait indispensable pour compléter la direction du journal dans la voie nouvelle. »

Cette lettre était suivie d'un *post-scriptum* dans lequel Laurent déclarait adhérer à la démarche de Transon. Les explications verbales qui vinrent ensuite ne pouvant rien changer à la direction politique qu'Enfantin avait jugé nécessaire d'imprimer au *Globe*, par Michel Chevalier et Olinde Rodrigues, Transon marqua sa retraite par la publication d'un opuscule qu'il terminait ainsi :

« Songez-y ! vous avez en vos mains tout le fruit des travaux de Saint-Simon et des œuvres qui depuis six ans ont été accomplies en son nom. L'usage que vous allez faire de la puissance que tous ces travaux vous ont acquise donnera au monde la mesure de votre force et caractérisera la nature de l'œuvre qui vous était personnellement réservée. Si, pouvant réaliser l'association, vous cherchiez seulement à augmenter votre influence sur les discussions politiques en proclamant des principes très-larges, à la vérité, mais sur la pratique desquels vous seriez impuissants, votre œuvre assurément serait encore utile, mais purement transitoire, et il ne faudrait plus prétendre à opérer une transformation radicale dans l'humanité.

» Pour moi, s'il en doit être ainsi, je ne cesserai pas de vous rendre grâce de la foi que vous m'avez donnée dans l'avenir et de l'énergie que vous m'avez inspirée ; mais tout en regrettant de ne plus vivre au milieu de cette famille saint-simonienne, où j'espérais être heureux, je ferai mes efforts pour m'unir à ceux qui sentiront comme moi, dans toute sa grandeur, l'œuvre qui est à faire. »

Laurent, de son côté, adressa au Père Enfantin la lettre suivante :

« Depuis ma dernière prédication, *le Globe* ayant manifesté, autrement que je ne les avais sentis et désirés, le caractère et la tendance du mouvement qui s'est opéré dans la société saint-simonienne, la même puissance de conviction qui me retenait auprès de vous, me dit aujourd'hui que ma mission est ailleurs, et c'est pour rester fidèle à cette maxime du maître, qui place chacun selon sa *vocation,* que je vais défendre désormais la cause de la classe la plus nombreuse et la plus pauvre, là où nul dissentiment ne viendra arrêter mon zèle et condamner mon dévouement à l'oisiveté.

» En me retirant de la hiérarchie dont vous êtes le chef, je suis loin de céder à l'influence des clameurs dont quelques hommes, d'ailleurs fort honorables, se sont faits les échos avec trop de complaisance ou de légèreté. Plus que jamais j'admire votre intrépidité apostolique et reconnais la haute moralité de vos *intentions ;* plus que jamais je tiens à l'affection dont vous m'avez donné tant de preuves ; vous serez toujours pour moi l'homme auprès duquel, dans toutes les circonstances de ma vie, je viendrai de préférence chercher des inspirations et des conseils. Mais, quelle que soit la force du lien qui m'attache à vous, et malgré le sentiment de votre supériorité, je n'oublie pas que jamais vous n'avez prétendu, vous, à l'*infaillibilité,* et que je n'ai jamais renoncé, moi, à *l'indépendance* de ma pensée. Or, votre marche actuelle, en ce qui touche à la politique *pratique,* ne pouvant plus déterminer la foi pleine et entière et l'adhésion complète sans laquelle il ne peut exister de véritable communion, je sens, quoi qu'il m'en coûte, qu'il ne m'est plus possible d'obéir à votre direction que naguère je me disais si heureux de suivre.

» Si j'ai appris, à vos côtés, à apprécier, avec plus de maturité et de calme, les vices de notre organisation sociale et à rendre ma sympathie pour les classes laborieuses et souffrantes moins hostile aux classes oisives, je n'en suis pas encore à cette espèce d'*impartialité anticipée* qui explique froidement ou justifie même, par leur raison d'existence, comme s'ils appartenaient déjà au domaine de l'histoire, les abus et les priviléges que j'éprouve, moi, le besoin de combattre, sinon avec amertume, du moins avec énergie, tant que, profondément enracinés et opiniâtrément défendus, ils règnent et pèsent sur la société. Ainsi, sans perdre de vue le but immense que vous me montrez dans le lointain, à travers quelques nuages que l'avenir dissipera sans doute, je vais m'efforcer d'utiliser mon zèle pour le progrès et le bien-être du peuple, en m'associant aux hommes généreux qui, pressés comme moi d'assister au spectacle de la prospérité contemporaine, réclameront ou réaliseront des améliorations *politiques*, tandis que vous poursuivrez votre œuvre *religieuse* dans une voie où les nœuds les plus puissants ne sauraient me retenir, quand je prévois, qu'arrêté sans cesse par l'ébranlement de ma conviction, je ne pourrais plus marcher, comme autrefois, *dans ma force et dans ma liberté*. »

Ainsi, les nouveaux dissidents gardaient leur foi saint-simonienne, persistaient à reconnaître la supériorité d'Enfantin, et admiraient plus que jamais son intrépidité apostolique, tout en s'éloignant de lui par des considérations d'ordre transitoire. Enfantin, en effet, était plus que jamais résolu à *caractériser*, comme le disait Transon, *la nature de l'œuvre qui lui était personnellement réservée*, L'APPEL AUX FEMMES. Sans retirer la parole qu'il avait répétée tant de fois, qu'il ne faisait pas de sa théorie sur ce point un article de foi, une loi définitive, mais seulement un terme, entre lequel et la morale chrétienne viendrait se placer la révélation déterminante de la femme, il s'appliqua héroïquement, à travers la boue qu'on lui jetait au visage, à graver le plus profondément possible, sur la pierre d'attente qu'il ajoutait à l'édifice saint-simonien, le plan tout entier du nouveau monde moral qu'il avait conçu, et dont il déclarait ne vouloir et ne pouvoir être encore que le prophète. Car, ne l'oublions pas, il s'attacha fortement à maintenir dans la pratique, pour lui et pour ses disciples, l'obligation de considérer, pendant cette phase de l'apostolat, toute infraction à la morale existante comme un outrage à l'annonciateur de la morale future. Le mot de Rodrigues, proclamant Enfantin l'homme le plus moral de son siècle, pour la sincérité, le désintéressement et l'intention religieuse de ses conceptions doctrinales, y compris ses aventureuses théories, était donc vrai ; il exprimait une pensée commune à tous ceux qui, au dedans et au dehors, connaissaient bien le chef suprême de la doctrine, et dont le jugement échappait à l'influence suspecte des griefs particuliers et de l'irritation personnelle. Ce mot n'était d'ailleurs que le corollaire de celui de Bazard lui-même, disant affectueusement à Enfantin, le lendemain des grandes crises, en présence de Fournel qui l'a rapporté : « Je vous connais maintenant et vous rends justice[1] » (IV, 157).

Mais sans passer de l'idée à l'action, sans chercher à faire de la conjecture une réalité, Enfantin écrivait et parlait, ou faisait parler et écrire, de manière à ce que personne, dans la famille et dans le public, ne pût se méprendre sur la nature et la portée de sa pensée sur l'avenir social de la femme. Sous son inspiration, Duveyrier aborda cette délicate question, dans *le Globe*, et publia entre autres un article (12 janvier) dont la hardiesse valut au chef suprême ce billet de sa mère.

1. Aux souvenirs des hommes qui vécurent, à cette époque, dans l'intimité d'Enfantin, et qui purent rendre hommage à sa haute moralité, l'histoire ajoutera un jour les témoignages irrécusables que renferment les archives saint-simoniennes, dont une partie doit rester secrète pendant trente ans, d'après les dernières volontés d'Enfantin.

« L'article de Duveyrier est bon. Cette brutalité est opportune, chacun fera son examen de conscience. Les plus coupables ne seront pas ceux qui diront leur *meâ culpâ*. Je serais bien aise de savoir ce qui se dira dans le monde, et quelles seront les plaisanteries de *Figaro* et consorts. Mais, dis-tu, la riposte sera de main de maître ; je l'espère bien ainsi, pourvu que la machine à vapeur soit toujours dirigée par des bras qui ne laissent pas sans aliments le navire. Vogue, voguez tous, et bravez les tempêtes, et que Dieu vous donne les forces pour arriver au port. Ainsi soit-il ! »

Cette excitation maternelle, sortie de la plume d'une femme si longtemps effrayée de l'audace novatrice de son fils, devait remplir de joie, de confiance et d'espoir, l'âme d'Enfantin. « Il faut que j'aie bien sondé, pouvait-il se dire, bien senti, bien caractérisé la plaie sociale qu'engendrent l'assujettissement de la femme à l'homme et le rigorisme spiritualiste de l'ancienne théologie, à l'égard des aspirations les plus ardentes de la nature humaine, pour que la femme que je chéris et vénère le plus, entre toutes les femmes, au lieu de s'indigner, de me bouder, de trembler pour moi, comme autrefois, en soit venue à m'applaudir et à me stimuler. »

Enfantin n'avait pas besoin du reste d'être aiguillonné dans la direction spéciale qu'il donnait, en ce moment, à l'enseignement saint-simonien. Il écrivait à ses missionnaires dans l'Alsace, Ollivier et Léon Simon, qui lui avaient parlé d'une dame qu'ils étaient en train de convertir.

« Quant à mademoiselle Schwalzigang, je suis fâché si la conversation dernière avec elle lui a laissé ignorer la vérité sur les théories. C'est mal, et *maladroit*. Mal, puisqu'elle souffrira lorsqu'elle apprendra, par des bouches moins puissantes que les vôtres, la vérité....; *maladroit*, parce qu'elle l'apprendra très-prochainement et très-certainement.—Au contraire, en général, allez droit au but, ne craignez pas (je parle pour les conversations individuelles et non pour ce qui est public) de dire rondement ce que j'ai fait, et dans quelle intention j'ai exprimé ainsi l'appel. Nous avons peu besoin de *mazettes*, ni même des forts qui ne sentiront pas immédiatement la grandeur de l'appel; leur tour viendra plus tard.

» Adieu mes enfants. »

Ce qu'il demandait à ses disciples, l'apôtre suprême se l'imposait à lui-même, sa correspondance en fait foi. Madame W........ ayant perdu, vers ce temps-là, son jeune et unique enfant, et s'étant adressée, pour épancher et soulager sa douleur, au Père suprême des saint-simoniens, qui l'avait soutenue dans un deuil plus grand, Enfantin répondit à cette triste communication par une lettre, dans laquelle *il dit rondement* ce qu'il faisait alors, et dans quelle intention il avait résolu son appel solennel aux femmes. Voici le premier paragraphe de cette lettre :

« Ma chère enfant, je t'ai écrit tellement à la hâte quand j'ai reçu ta triste lettre, et j'étais si pressé de t'envoyer Caroline, que je ne veux pas dormir ce soir avant de causer avec toi. Tu es vraiment ma fille, puisque ta douleur m'est si sensible, tu es ma fille, puisque, malgré l'éloignement où nous sommes restés depuis longtemps, tu viens à moi dès que tu souffres. Je t'ai écrit il y a quelques jours dans une lettre d'Aglaé. Je t'ai annoncé qu'on dirait bientôt de nous que nous sommes immoraux, que nous venons enlever les fils et surtout les *filles* des riches familles ; que nous avons des principes infâmes, que nous voulons réaliser pour les femmes un monde horrible, affreux ; et ce sont précisément ceux qui, dans ce monde, vivent de la manière la plus désordonnée et la plus frauduleuse qui diront tout cela de nous. Nous qui venons, avec notre foi inébranlable, sauver les hommes et les femmes de deux plaies effrayantes, *l'adultère* et la *prostitution*, on dira que nous venons fonder le libertinage et l'orgie, et ce seront surtout l'*adultère* et le *libertin* qui parleront ainsi de nous. Oh! alors, il sera temps, pour les femmes de courage, pour les cœurs généreux, de se montrer et de parler; il sera temps pour ceux qui m'aiment et qui sentent la vérité et la sainteté de ma mission dans l'amour que je leur ai témoigné, il sera temps pour eux de dire au monde qui je suis. Élisa, tu y seras; j'ai voulu jusqu'ici ne pas chercher le mot de cette mystérieuse et cruelle énigme qui t'avait donné un PÈRE le jour même où tu perdais un *époux;* qui t'avait envoyé un *guide* au moment où tu perdais un *soutien;* je ne l'ai pas cherché, ou plutôt je ne l'ai pas révélé, car le premier jour que je te vis, je sentis que j'avais en toi une véritable FILLE, et malgré l'entourage que j'avais ici et qui ne t'*aimait* pas, malgré celui que tu avais chez toi et qui ne m'*aimait* pas, tu es restée liée à ton père, et je ne t'ai pas manqué. Dans ce vieux monde qui tombe d'égoïsme, on sait à peine ce que sont les liens de la famille, du sang, et ce qu'on ignore complétement, c'est ce sentiment nouveau que nous apportons, et qui fait que je t'aime autant que si tu étais la fille de ma chair et de mon sang ; que je t'aime autant que j'aimais Félix et Eugène Rodrigues, autant que j'aime Transon et d'Eichthal. »

Cette lettre sera publiée intégralement dans la correspondance d'Enfantin, qui en a expliqué la cause occasionnelle et indiqué sommairement le but et la portée, dans la note suivante :

« Cette lettre est une très-bonne exposition des théories.

» Élisa m'avait écrit qu'elle venait de perdre son fils, il y avait un an juste qu'elle avait perdu Félix. J'étais pressé de la mettre au courant de nos idées, et je saisis avec empressement cette circonstance, certain que, quel que fût le résultat de ma lettre, elle produirait une diversion vive à sa douleur de mère. J'avais d'ailleurs fait auprès d'elle tout ce qu'il avait fallu faire pendant cette année de deuil, pour que sa position fût moins pénible, pour que sa tête et son cœur fussent occupés, pour qu'elle échappât ainsi à toutes les influences qui auraient pu, dans ses moments d'ennui et de tristesse, disposer, contre son désir même, de son avenir; en un mot, je lui avais donné tout ce que je pouvais donner à une femme qui ne serait pas assez forte pour nous comprendre, et suivre notre œuvre religieuse; je devais donc m'assurer positivement de ce qu'elle valait.

« Le surlendemain je reçus la lettre de Laglandière (de madame V.....); il était venu la veille à une de nos grandes soirées de musique, et il avait reçu de moi, dans ma chambre, une assez verte leçon, sur quelques plaisanteries aimables qu'il se permettait en discutant avec moi les théories. Je lui avais fait faire un retour sur ses amis, sur lui-même, qui avait été assez directement à son adresse. » (Sainte-Pélagie, 7 janvier 1833.)

Plus Enfantin et ses fidèles coopérateurs redoublaient de zèle et de vigueur, plus la malveillance inintelligente ou perfide s'acharnait contre les propagateurs de la foi nouvelle. Le plus mordant des petits journaux de l'époque, *le Figaro*, avait inséré un article fort injurieux, non signé, contre les saint-simoniens. *Le Globe* ayant signalé cette attaque anonyme comme déloyale, *le Figaro* avait répliqué par ces quelques lignes :

« *Le Globe* nous a accusés de lui adresser des injures anonymes. D'abord l'absence de noms au bas de nos articles ne constitue pas plus un profond secret que la signature dont *le Globe* a revêtu sa plainte collective. Ensuite les rédacteurs du *Globe* savent qu'ils trouveront toujours ici les noms individuellement responsables qu'il leur plaira de venir chercher. En attendant, nous nous engageons à formuler contre le saint-simonisme des allégations sérieuses. Se moquer de la religion d'hier nous avait semblé jusqu'ici la plus charitable des attaques. Nous allons passer des dieux, qui sont ingrats, aux apôtres qui seraient cupides ; du simonisme à la simonie. »

A cette nouvelle insulte, où l'aigreur dédaigneuse dégénérait en calomnie ; à cette bravade, toujours sans nom d'auteur, qui semblait rendre les soldats de la pensée justiciables des maîtres d'armes, le directeur du *Globe*, Michel Chevalier, riposta par la lettre qui suit, adressée à M. de Latouche, rédacteur en chef du *Figaro* :

« Monsieur,

» *Le Figaro* a répondu, hier matin, à l'avis que je lui avais adressé le 5 ; sa réponse est anonyme comme l'avaient été ses injures. Il offre de nous désigner à son domicile les noms des personnes qui nous attaquent. Ce n'est pas là ce qu'il nous faut. Tout homme qui en signale d'autres à l'animadversion de la société doit livrer son propre nom au public en garantie de ses accusations. Si la dignité humaine, si la moralité étaient compatibles avec les imputations ténébreuses, avec les dénonciations anonymes, quelle serait donc l'explication de l'anathème qui pèse sur les agents de police? La liberté de la presse a une valeur sociale immense, à la condition expresse que la publicité sera entière et qu'elle comprendra aussi bien la personne de l'accusateur que l'accusation elle-même. S'il y avait des écrivains dont la vie ne pût supporter ainsi la lumière du jour, ils s'abstiendraient : la morale publique ne pourrait qu'y gagner. La mission de la presse est d'enseigner le public, de le moraliser. Je crois qu'il y a parmi les journalistes actuels peu d'hommes que leur conduite rende indignes de ce noble mandat; mais enfin, s'il s'en trouvait, ce seraient des usurpateurs dont la prompte abdication serait une nécessité. A chacun selon sa capacité et ses mérites. Les dénonciations et les poursuites anonymes par la voie de la presse seraient l'inquisition ressuscitée. Il ne peut plus y avoir de *Sainte-Hermandad*, ni de conseil des dix, ni de tribunal secret, à quel titre que ce soit. Il ne doit plus y avoir de Basile, même sous la veste de *Figaro*. La société a repoussé la tyrannie des baïonnettes, ce n'est pas pour laisser s'établir celle des plumes trempées dans le fiel.

» Après avoir décliné son refus non motivé de signature, *le Figaro* répète contre nous les insinuations les plus odieuses. Je les publierai en entier demain matin dans *le Globe*, ainsi que je l'ai déjà fait pour les injures du *Constitutionnel*, et j'y répondrai très-brièvement.

» L'obscurité de mon nom vous inspire presque du dédain. Il est vrai, Monsieur, je n'ai point d'antécédents littéraires; je n'ai fait ni vaudevilles ni scènes historiques; je n'ai eu, à aucun théâtre, de succès ni de demi-succès. Ancien élève de l'École polytechnique, il y a un an environ j'étais ingénieur des mines du département du Nord. Plus expert en matière de charbons, de chemins de fer et d'usines, qu'en matière de journal, quoique fort jeune, (je n'avais pas vingt-cinq ans), j'avais su déjà, par plusieurs travaux de quelque étendue, me concilier l'estime de beaucoup d'hommes habiles qui me précédaient dans la carrière des travaux publics. Appelé par le chef actuel de la société saint-simonienne, par celui qu'avec bonheur je nomme mon Père, à prendre part à la rédaction du *Globe*, je n'hésitai pas cinq minutes, ceci est à la lettre; je renonçai à une place honorable acquise par plus de six années d'études et de pénibles travaux, (de 1823, époque de mon entrée à l'École polytechnique, à 1830) ; je quittai une carrière où mon début m'assurait un bel avenir, et je me rendis à Paris. Là, pendant un an, seul ou presque seul, j'ai rédigé *le Globe*, sous l'inspiration des chefs de la société saint-simonienne. J'ai ainsi contribué, pour ma part, à la transformation qu'ont subie la presse de Paris et celle des départements, par l'influence du saint-simonisme. Cette part d'action, je vous avoue, Monsieur, qu'il n'y a guère d'œuvres littéraires de ces jours-ci contre lesquelles je serais disposé à la troquer. Pendant un an, malgré les difficultés sans nombre qui ont entouré les premiers pas du saint-simonisme, malgré l'incertitude de nos ressources financières, incertitude qui a été telle il y a quelques mois, en août, septembre et octobre, que nous avons souvent imprimé *le Globe*, le soir, sans savoir comment le lendemain matin nous payerions les frais de poste ; que nous nous sommes quelquefois levés de table le soir, entendez bien ceci, sans savoir positivement si le lendemain nous aurions crédit chez le boulanger ; pendant un an, ma foi dans l'avenir du saint-simonisme et dans les hommes qui ont été et sont nos chefs, nos Pères, n'a pas un instant chancelé ; mon ardeur ne s'est pas un instant ralentie. Voilà qui je suis, Monsieur, voilà ce que nous sommes tous, voilà ce que nous ont appris à être, par leur exemple et par leurs leçons, les hommes qui ont gouverné et gouvernent la société saint-simonienne. Parmi les nombreuses célébrités du jour, aussi bien littéraires que politiques, il y en a fort peu dont la force morale, le désintéressement et l'activité eussent résisté à cette rude épreuve. Il n'en faut pas davantage pour m'autoriser à me constituer, vis-à-vis d'elles, en position de juge, et à les moraliser, lorsque je les vois manquer à ce qu'elles doivent à la société et à elles-mêmes...... .

» Ce n'est pas la première fois que des libérateurs méconnus ont été obligés de se défendre des atteintes de ceux-là mêmes qu'ils venaient sauver entre tous. Mais les artistes doivent ouvrir les yeux. Il importe que leur méprise ait un terme : plus longtemps prolongée, ce serait une ingratitude funeste. Voyez donc l'emploi que vous et vos amis avez à faire de votre talent. Perdrez-vous votre temps à susciter des obstacles à des hommes pleins d'une foi contre laquelle aucun obstacle ne prévaudra ; à outrager, vous, hommes d'art, des hommes qui préparent le règne pacifique et radieux des arts, de l'industrie et de la science, et qui dérou-

lent péniblement le linceul dans lequel sont aujourd'hui entortillés les artistes? ou bien vous déciderez-vous à combiner votre action spéciale avec leur action générale, en vous consacrant à flétrir les préjugés étroits, les ambitions mesquines, la cupidité, la fraude, l'immoralité, l'exploitation de la femme; legs dégradant qu'un passé a laissé agonisant au XIXe siècle?

» Jusqu'ici vous avez eu de l'esprit à la façon du prolétaire éloquent de l'ancien régime, condamné par le hasard de la naissance à n'être qu'un instrument des plaisirs de son *maître;* ayez-en désormais comme le prolétaire de 1830, qui veut s'affranchir de cet avilissant patronage, et qui, par sa moralité, s'est rendu digne de l'émancipation. »

Cette réponse était digne d'un apôtre, à qui l'injustice des détracteurs et les entraînements de la polémique n'avaient pu faire perdre le sentiment des devoirs et de la grandeur de sa mission sociale et religieuse.

Mais aux attaques des gens d'esprit, trop disposés aux malices quotidiennes, vint bientôt s'ajouter une demande en rectification, pleine d'aigreur, formulée par un écrivain sérieux, homme de savoir, penseur profond, grandi sous l'aile même de

Saint-Simon, Auguste Comte. Nous reproduisons ici textuellement la réclamation de ce savant philosophe, ainsi que la réponse dont elle fut accompagnée dans *le Globe*. Ce sont pièces importantes pour l'histoire du saint-simonisme.

« *A Monsieur le Directeur du* Globe.

» Monsieur,

» Il est tellement désagréable de prendre la plume pour entretenir le public de considérations personnelles, au lieu de l'occuper d'idées seulement susceptibles de l'intéresser, que j'ai d'abord hésité à réclamer contre l'article qui me concerne dans *le Globe* du mardi 3 janvier 1832. Cependant, après une telle provocation, je crois devoir surmonter cette juste répugnance, et je ne puis me dispenser de relever les expressions fort inconvenantes que vous avez employées à mon égard, sans en avoir probablement senti toute la portée, quand vous avez parlé de ma prétendue *séparation* de la société saint-simonienne.

» Comme vous étiez, je crois, encore occupé de faire vos études, à l'époque des événements auxquels votre article se rapporte, il n'est pas étonnant, Monsieur, que vous n'en ayez point une connaissance exacte. Si vous vous en étiez informé avec plus de soin, vous auriez été convaincu que je n'ai jamais fait partie, sous aucun rapport, de l'association saint-simonienne, et vous vous seriez sans doute dispensé d'expliquer pourquoi je m'en serais *séparé*.

» J'ai eu, Monsieur, pendant plusieurs années, avec M. de Saint-Simon, une liaison très-intime, fort antérieure à celle qu'ont pu avoir avec lui aucun des chefs de votre société. Mais cette relation avait entièrement cessé environ deux ans avant la mort de ce philosophe, et, par conséquent, à une époque où il n'était pas encore question, le moins du monde, de saint-simoniens. Je dois d'ailleurs vous faire observer que M. de Saint-Simon n'avait point encore adopté la couleur théologique, et que notre rupture doit même être attribuée, en partie, à ce que je commençais à apercevoir, en lui, une tendance religieuse profondément incompatible avec la direction philosophique qui m'est propre.

» Depuis la mort de M. de Saint-Simon, j'ai inséré dans *le Producteur*, pendant les deux derniers mois de 1825 et les trois premiers mois de 1826, six articles destinés à faciliter au public l'intelligence de mes idées fondamentales sur la refonte des théories sociales. J'ai consenti à publier, par cette voie, quelques articles portant ma signature, comme j'eusse pu le faire dans *la Revue encyclopédique*, ou dans tout autre recueil, dont la direction politique n'eût pas été radicalement opposée à la mienne; j'ai d'ailleurs cessé toute insertion, aussitôt que je me suis aperçu que les éditeurs de ce journal tournaient aux idées religieuses, dont il n'avait d'abord été nullement question. Du reste, même pendant le court intervalle de cette sorte de coopération, je n'ai jamais assisté *une seule fois* aux réunions régulières ou irrégulières des rédacteurs de ce recueil, qui me sont presque tous absolument inconnus. Mes rapports avec *le Producteur* étaient donc purement littéraires; et je les avais dès l'origine tellement simplifiés, même sous ce point de vue, que je me suis toujours borné à adresser mes articles au rédacteur général (M. Cerclet), qui eût pu refuser de les publier, mais que je n'avais nullement autorisé à y introduire la moindre modification, et qui, de fait, les a tous textuellement insérés. D'après ces renseignements, vous serez sans doute disposé, Monsieur, à préjuger, dès à présent, la légèreté de la singulière explication que vous avez donnée de faits qui n'ont jamais existé. Quoique plus jeune que les chefs de votre secte, mes travaux et mes écrits ont été très-antérieurs aux leurs. La première émission du commencement de mon *Système de politique positive*, dont mes articles du *Producteur* ne sont que le développement partiel, date de 1822 (j'avais alors vingt-quatre ans) ; un second degré de publicité a été donné à cet ouvrage au commencement de 1824, près de deux ans avant l'apparition du *Producteur*. Comme je n'ai jamais varié, le moins du monde, de la direction philosophique que j'avais dès lors nettement caractérisée, et dont la publication de mon *Cours de philosophie positive*, commencé en 1830, n'est qu'une plus ample et plus générale manifestation, il serait difficile de concevoir que j'eusse jamais pu rien devoir aux travaux des *pères* saint-simoniens, qui affectent peu d'ailleurs, ce me semble, une telle prétention. Il est, au contraire, très-certain que l'influence de ma parole ou de mes écrits a contribué, dans l'origine, à l'éducation philosophique et politique de vos chefs actuels ; ce dont je suis du reste fort loin de me plaindre, en regrettant seulement qu'ils n'en aient pas mieux profité. Mais quoi qu'il en soit, Monsieur, j'ai lieu de m'étonner d'avoir été confondu, dans votre Exposé, avec les personnes qui, ayant commencé leur carrière philosophique au sein de votre société, et sous les inspirations de ses chefs, ont cru devoir plus tard s'en séparer ; ce que je regarde d'ailleurs comme une grande preuve de bon sens.

» Par suite des mêmes considérations, il me paraît peu facile de comprendre comment j'aurais pu, selon vos doctorales expressions, *rester en arrière dans la marche du saint-simonisme, faute d'en pouvoir suivre le progrès*. Entré, avant vos *pères suprêmes* ou *non suprêmes*, dans la carrière philosophique, et y ayant marché sans interruption dans une direction invariable, je ne pourrais me trouver maintenant à l'arrière que par suite d'une infériorité intellectuelle bien prononcée. Or, quoique vos chefs se soient hardiment *posés* comme les hommes les plus capables de France, et même du monde entier, je ne sache pas qu'ils soient encore allés jusqu'à penser qu'une telle prétention pût devenir un article de foi ailleurs que parmi leurs dévots. Je crois donc que, s'ils eussent été consultés à l'avance, ils n'auraient nullement ratifié les termes que vous avez employés à mon égard. Ils savent parfaitement que je n'ai jamais hésité, à aucune époque, à regarder et à proclamer hautement l'influence des idées religieuses, même supposées strictement et constamment réduites à leur moindre développement, comme étant aujourd'hui, chez les peuples les plus avancés, le principal obstacle aux grands projets de l'intelligence humaine et aux perfectionnements généraux de l'organisation sociale. La voie scientifique dans laquelle j'ai toujours marché, depuis que j'ai commencé à penser, les travaux que je poursuis obstinément pour élever les théories sociales au rang des sciences physiques, sont évidemment en opposition radicale et absolue avec toute espèce de tendance religieuse ou métaphysique. Ainsi, le public éclairé comprendra difficilement, Monsieur, comment j'aurais pu rester en arrière dans une direction qui n'a jamais été la mienne, et que j'ai toujours regardée comme essentiellement rétrograde. Si vos supérieurs, après avoir suivi, pendant quelque temps, la direction positive qu'ils n'ont d'ailleurs jamais bien comprise, faute d'avoir fait les études préliminaires convenables, ont jugé à propos d'en prendre une autre entièrement opposée, ils ont sans doute cru bien faire; mais je ne puis m'empêcher de trouver fort singulier que ce soit, en leur nom, que vous parliez à mon égard de déviation et de ralentissement. Soyez persuadé, Monsieur, que tous les observateurs impartiaux et compétents seraient choqués de cet étrange renversement de rôles, s'ils pouvaient prendre quelque intérêt à un tel débat.

» Il est possible, Monsieur, que ma persistance invariable dans la voie philosophique que j'ai suivie dès mes premiers travaux, passe dans votre esprit pour une sorte de répugnance aveugle à toute innovation, quoique vous fussiez certes le premier à m'adresser un tel reproche. Mais quand même je ne serais pas profondément convaincu que la direction positive est la seule qui puisse aujourd'hui nous conduire à une vraie et définitive rénovation des théories sociales, et par suite des institutions politiques, j'aurais de la peine à comprendre qu'on exécutât jamais rien d'important, en changeant tous les deux ou trois ans ses conceptions principales. Du reste, vous conviendrez, Monsieur, que si je me suis trompé dans la direction générale de ma philosophie, je n'ai pas choisi du moins celle qui se prête le plus commodément à l'infériorité et à la paresse de l'intelligence. Au lieu des longues et difficiles études préliminaires, sur toutes les branches fondamentales de la philosophie naturelle, qu'impose absolument ma manière de procéder en science sociale; au lieu des méditations pénibles et des recherches profondes qu'elle exige continuellement sur les lois des phénomènes politiques (les plus compliqués), il est beaucoup plus simple et plus expéditif de se livrer à de vagues utopies, dans lesquelles aucune condition scientifique ne vient arrêter l'essor d'une imagination enchaînée. Il est surtout très-attrayant, je l'avoue, pour ceux qui visent à la quantité des suffrages beaucoup plus qu'à leur qualité, après avoir adhéré à trois ou quatre épigraphes sacramentelles, et sans prendre d'autre peine que celle de composer quelques verbeuses homélies, de se trouver tout à coup un grand homme, du moins momentanément, aux yeux d'un cercle assez nombreux, par lequel d'ailleurs on a l'avantage d'être vénéré comme un modèle de vertu. Ajoutez que la voie saint-simonienne conduit à la fortune, et la mienne à la misère, et vous aurez achevé de démontrer que j'ai suivi une fort mauvaise direction. Cependant, Monsieur, je suis tellement obstiné que je ne voudrais pas en changer, quoique je sois assez jeune pour pouvoir le faire avantageusement. L'estime et la sympathie d'un très-petit nombre d'esprits éminents, juges compétents de mes travaux, telle est la seule grande récompense que se soit jamais proposée mon ambition, trop modeste ou trop élevée, comme vous croirez devoir l'entendre.

» Votre société n'a point encore, à ce que l'on m'apprend, arrêté les bases de sa nouvelle morale; j'espère cependant, Monsieur, que vous conformant, par provision du moins, aux vieilles règles de la moralité littéraire, vous voudrez bien insérer textuellement, dans le plus prochain numéro du *Globe,* ma réponse à l'attaque inconsidérée que vous vous êtes permise envers moi ; je désire qu'elle ait sur vous assez d'influence pour vous empêcher désormais de me mêler en rien dans aucune histoire de la secte saint-simonienne, à laquelle j'ai le droit d'exiger qu'on me regarde comme ayant toujours été absolument étranger. Quand vous croirez devoir seulement vous livrer à une critique quelconque de ma philosophie, je garderai le plus profond silence, parce qu'elle est effectivement tombée, par le fait de la publicité, dans le domaine des journalistes disposés à la juger ; mais il ne saurait en être de même lorsqu'il s'agit d'assertions erronées, relatives à ma personne, et qu'il m'importait beaucoup de démentir.

» Je dois vous prier, Monsieur, de vouloir bien excuser la longueur de cette lettre. Mais vous reconnaîtrez sans doute que s'il est aisé de présenter en deux lignes toute la position d'un écrivain sous un point de vue absolument faux, la rectification ne peut jamais être aussi concise.

» J'ai l'honneur d'être, etc.,

» A. COMTE,

» Ancien élève de l'École polytechnique.

» Paris, 5 janvier.

» *P.-S.* Je dois vous prévenir, Monsieur, que, dans le cas où l'insertion exacte de cette lettre dans votre journal me serait refusée, j'aurais recours, quoique avec le plus grand regret, à la publicité des autres journaux. »

Réponse du directeur du Globe *à M. A. Comte :*

« Monsieur,

» Conformément à votre demande, j'insérerai en entier dans *le Globe* la longue lettre que vous m'adressez en réponse aux quatre lignes qui vous concernent dans *le Globe* du 3 janvier ; car tous les hommes qui ont été honorés de l'amitié et des bienfaits de notre maître, lors même qu'ils ont été ingrats envers lui, ont des droits à notre bienveillance.

» Je n'examinerai pas ici toutes les questions que soulève votre lettre. Je ne m'arrêterai pas à discuter vos réflexions et vos sarcasmes contre la religion saint-simonienne, contre nos chefs et surtout contre notre organisation hiérarchique : il est tout simple que vous la jugiez de travers, puisque vous n'êtes pas en position de la sentir. Vous qui n'avez ni supérieur, ni égal, ni inférieur, que vous aimiez tendrement et dont vous soyez tendrement aimé, vous devez en effet ne sentir nullement ce qu'il y a de fécondité et de douceur, ce qu'il y a de sacré de père à fils, de frère à frère et de fils à père, qui nous lie les uns aux autres. Vous qui n'aimez que vous-même, vous qui vivez toujours et partout en face de votre personnalité, il doit en effet vous sembler monstrueux qu'il existe des hommes qui, pleins d'amour les uns pour les autres et pour l'humanité, se soient associés hiérarchiquement pour vivre d'une vie commune et pour harmoniser leurs efforts de régénération sous l'autorité paternelle du plus aimant, du plus éclairé, du plus fort. Vous raisonnez comme cette jeune fille dont parle notre Maître dans *le Catéchisme des industriels*, qui, atteinte des pâles couleurs, s'imagine que le teint jaune et les yeux plombés sont les signes de la beauté et de la fraîcheur.

» Il y a cependant, dans la partie de votre lettre qui nous concerne, une ligne qui m'a paru obscure et dont je vous demanderai la clef. *La vie saint-simonienne*, dites-vous, *conduit à la fortune*. Je ne puis croire que vous nous accusiez de spéculation, parce que je ne puis croire qu'un homme, qui a été aimé de notre Maître, consente à se mettre un instant au niveau des calomniateurs anonymes du *Constitutionnel*. Cependant, pour être complétement rassuré, j'aurais besoin d'une courte explication, et j'espère que vous voudrez bien me l'adresser.

» Vous ne prenez maintenant d'autre titre que celui d'élève de l'École polytechnique. Ce titre est beau, Monsieur, et je me fais gloire de pouvoir le porter ainsi que vous. Toutefois, il est un titre encore plus beau que vous *aimiez* à y joindre autrefois, c'est celui d'*élève de Henri Saint-Simon*. Maintenant ce titre vous blesse, vous le repoussez; et c'est pour vous en garantir que vous m'avez écrit toute votre lettre.

» Car je n'avais point dit que vous eussiez jamais fait partie de la société saint-simonienne. J'ai assisté de loin à sa fondation, et je sais que vous n'y étiez pas; je sais que cette société ne s'est établie qu'à la mort de l'homme sublime dont elle a pris le nom; je sais que vous manquâtes à son lit de mort, car vous aviez alors cessé d'être avec lui et avec ceux qu'il aimait. Je me suis exprimé sur vous en termes généraux. Ma pensée était que, *disciple de Saint-Simon*, vous vous étiez tenu à l'écart de ses autres disciples, de ceux qui ont fait retentir son nom sur toute la terre, et que vous étiez resté bien en arrière d'eux. C'est là ce qui vous a offensé; de là cette lettre qui, pour qui sait la comprendre, n'est, encore une fois, qu'une protestation contre le titre d'*élève de Henri Saint-Simon.*

» Non, Monsieur, nous ne détacherons pas de votre nom ce titre qui doit faire votre gloire. Toutes les fois que nous aurons à parler en détail de la vie de notre Maître, votre nom sera sur nos lèvres et sous notre plume; car vous avez occupé une assez grande place dans cette vie prodigieuse. Pendant sept ans, vous avez été aux côtés de Saint-Simon, et vous y avez été aimé comme un fils. Sous son inspiration féconde, vous avez écrit le *Système de politique positive,* qui vous assure un haut rang parmi les raisonneurs de l'époque, et dont tout ce que vous avez écrit depuis lors n'est que le commentaire, tout comme le *Système* lui-même est le développement d'une œuvre écrite par Saint-Simon, pendant que vous étiez au berceau, sous le titre de *Lettre d'un habitant de Genève à ses contemporains.* Nous aurons donc quelquefois occasion de parler de vous. Pourquoi faut-il que vous nous ayez mis dans la nécessité d'ajouter que, pendant que Saint-Simon vous a chéri comme un fils, vous ne l'avez jamais aimé comme un père? Pourquoi faut-il qu'aujourd'hui même vous m'obligiez à vous faire remarquer que, dans toute votre lettre, il n'y a pas un mot de reconnaissance, d'estime même, pour l'homme auquel vous devez tout.

» C'est moi, Monsieur, qui vous parle ainsi ; moi qui, comme vous le dites, *faisais mes études* pendant que se passaient les événements auxquels j'ai fait allusion dans mon article du 3 janvier. J'ajouterai même, comme simple rapprochement, que je suis resté au collége durant les mêmes sept années pendant lesquelles vous viviez de la vie de Saint-Simon, de 1817 à 1824. Tous les deux alors nous *faisions nos études*, vous vos grandes, moi mes petites. Depuis lors, j'ai fait mes grandes études à mon tour, et je n'oublierai jamais que c'est dans l'écrit admirable, par vous tracé sous l'œil de notre Maître, que j'ai puisé la première idée de la grandeur de son génie ; mais il y a cette différence entre vous et moi, que de plus en plus j'ai senti combien je devais de reconnaissance aux hommes qui m'avaient révélé Saint-Simon par leurs paroles et par leurs actes, et m'avaient initié à la vie nouvelle. Et maintenant, si je parle de vous, si je vous juge, vous ne le trouverez pas mauvais, vous qui, à vingt-six ans (c'est mon âge aujourd'hui), publiiez un système où vous jugiez tous les hommes et tous les peuples.

» Toutefois, quoique je n'aie pas assisté à ces événements, je suis très-bien informé de ce qui s'y est passé : car ceux que j'appelle mes pères me les ont racontés souvent; et souvent j'ai gémi, en les entendant dire ce qui vous concerne, sur les aberrations auxquelles étaient exposées les capacités scientifiques les plus hautes, lorsque, dans un rêve d'irréligion et d'orgueil, elles voulaient grandir, en foulant sous leurs pieds les hommes qui les avaient élevées.

» Dites, Monsieur, depuis que vous avez soigneusement biffé du troisième cahier du *Catéchisme des industriels* le nom de notre maître à tous ; depuis que, dans tous les exemplaires distribués à vos amis, vous en avez soigneusement arraché la préface, dont vous étiez l'auteur, dans laquelle vous *aimiez à déclarer* que vous étiez l'*élève de Saint-Simon* et que le *Système de politique positive* n'était que le *développement* et le *perfectionnement* d'UNE PARTIE *de* SES APERÇUS; depuis lors, dites-moi, êtes-vous plus heureux? Vainement vous avez de plus en plus renié votre maître; vainement vous avez dit MON *système,* MA *politique,* au lieu de dire le *système,* la *politique de Saint-Simon;* vainement, dans un moment d'illusion extraordinaire, vous avez pu écrire que

« vos liaisons avec Saint-Simon vous AVAIENT » BEAUCOUP NUI. » Le bonheur vous a fui de plus en plus, vous avez vécu solitaire, inquiet, sans trouver un seul homme qui voulût s'attacher à vos pas, et ceux dont vous avez cru faire vos disciples, cédant à l'irrésistible force d'attraction qui pousse tout vers le centre, sont venus se rallier à ce que vous appelez dédaigneusement la *secte saint-simonienne.*

» Il n'y a pas de joie pour l'homme isolé ; il n'y a pour lui que fiel et amertume. Il n'y a pas de postérité pour celui qui a brisé les liens qui l'attachaient à son véritable père. Il lui semble que la terre lui manque sous les pieds, et il reste sans avancer. Pour lui, tout est creux, l'univers est pour lui un vide immense. En vain, pour le combler, il gonfle sa personnalité ; l'orgueil dont il s'emplit l'oppresse et l'étouffe. Un âcre dédain se mêle à ses paroles et coule sous sa plume. Tout lui semble terne. Il est injuste et violent envers ceux qui lui rendent justice entière. Parce qu'il s'est séparé de tout, il croit que tout le repousse, que tout lui est ennemi. Vos ennemis, Monsieur, nous ne le sommes pas, et nous voudrions être vos amis, car nous savons qu'il y a en vous puissance de faire de grandes choses pour le progrès de l'humanité ;

nous sommes convaincus que cette puissance se manifestera avec éclat, du jour où vous vous sentirez entouré d'hommes qui vous aimeront et qui auront su se faire aimer de vous; du jour où vous aurez appris à épancher votre vie dans le cœur des autres et à ouvrir votre cœur à leur vie; du jour où vous aurez reconnu que le premier de tous est celui qui *associe* et non celui qui *s'isole*, celui qui sait le mieux relier les *hommes* et non celui qui est le plus habile à lier des *idées*. Jamais nous ne vous dirons avec aigreur : « Qu'y a-t-il de commun » entre vous et nous? » Loin de là, nous ferons tous nos efforts pour vous faire apercevoir les liens qui vous unissent à nous par Saint-Simon notre maître. Nous savons que vous êtes avec nous fils d'un même père, que vous êtes un de ceux que notre Père à tous a le plus chéri, et nous espérons bien que le lien de la commune génération par laquelle nous sommes rattachés à vous en Saint-Simon, se resserrant un jour, sera la cause déterminante d'un intime rapprochement entre vous et nous. C'est dans cette espérance qu'aujourd'hui j'insiste si vivement pour vous rappeler la véritable nature des rapports qui ont existé entre Saint-Simon et vous.

» Agréez, etc.

» MICHEL CHEVALIER. »

P.-S. « Je joins à ma lettre un extrait de *l'avertissement* que vous aviez placé en tête du troisième cahier du *Catéchisme des industriels*, et un extrait de la *préface* de ce troisième cahier par Saint-Simon. Puisse la lecture de ces pièces vous remettre dans l'esprit vos premières relations avec votre Maître et le nôtre ! »

(*Extrait de* l'AVERTISSEMENT *de M. Auguste Comte.*)

« Afin de caractériser avec toute la précision convenable l'esprit de cet ouvrage, quoique étant, J'AIME A LE DÉCLARER, *l'élève* de Saint-Simon, j'ai été conduit à adopter un titre général distinct de celui des travaux de mon *maître*. Mais cette distinction n'influe point sur le but identique des deux sortes d'écrits qui doivent être envisagés comme ne formant qu'un seul corps de doctrine, tendant, par deux voies différentes, à l'établissement du même système politique.

» J'ai adopté complétement cette idée philosophique émise par M. Saint-Simon, que la réorganisation actuelle de la société doit donner lieu à deux ordres de travaux spirituels de caractères opposés, mais d'égale importance ; les uns, qui exigent l'emploi de la capacité scientifique, ont pour objet la refonte des doctrines générales; les autres, qui doivent mettre en jeu la capacité littéraire et celle des beaux-arts, consistent dans le renouvellement des sentiments sociaux.

» La carrière de M. Saint-Simon a été employée à découvrir les principales conceptions nécessaires pour cultiver également ces deux branches de la grande opération philosophique réservée au XIXe siècle. *Ayant médité depuis longtemps les idées mères de M. Saint-Simon, je me suis exclusivement attaché à systématiser, à développer, à perfectionner la partie des aperçus de ce philosophe qui* se rapporte à la direction scientifique. Ce travail a eu pour résultat la formation du système de philosophie positive, que je commence aujourd'hui à soumettre au jugement des penseurs.

» J'ai cru devoir rendre publique la déclaration précédente, afin que si mes travaux paraissent mériter quelque approbation, elle *remonte au* FONDATEUR *de l'école philosophique dont je m'honore de faire partie.* »

(*Extrait de la* PRÉFACE *de Saint-Simon.*)

« Ce travail est certainement très-bon, considéré du point de vue où son auteur s'est placé, mais il n'atteint pas exactement au but que nous nous étions proposé, il n'expose point les généralités de *notre* système, c'est-à-dire qu'il n'en expose qu'une partie, et fait jouer le rôle prépondérant à des généralités que nous ne considérons que comme secondaires...

» De ce que nous venons de dire, il résulte que *notre élève* n'a traité que la partie scientifique de *notre* système, mais qu'il n'a point exposé la partie *sentimentale* et *religieuse ;* voilà ce dont nous avons dû prévenir nos lecteurs. Nous remédierons autant qu'il nous sera possible à cet inconvénient dans le cahier suivant, en présentant nous-mêmes nos généralités.

» Au surplus, malgré les imperfections que nous trouvons au travail de M. Comte, par la raison qu'il n'a rempli que la moitié de nos vues, nous déclarons formellement qu'il nous paraît le meilleur écrit qui ait jamais été publié sur la politique générale. »

Le Globe ajoutait :

« Voici l'extrait d'une note que Gustave d'Eichthal, l'un des anciens disciples d'Auguste Comte, en partant pour Londres, où notre Père suprême l'a envoyé, a remise au directeur du *Globe,* à l'occasion de la lettre que M. Auguste Comte avait écrite à celui-ci :

« J'avais dix-neuf ans lorsque, en 1823, Au-
» guste Comte me convertit à sa foi politique ; il me
» révéla ce que j'appris un peu plus tard être la
» *promesse* de Saint-Simon, le triomphe définitif
» du travail sur l'oisiveté, l'organisation pacifique
» de la société pour le progrès des beaux-arts, de
» la science et de l'industrie.

» La croyance en ce magnifique avenir me
» remplit de respect et d'admiration pour celui
» qui me l'avait dévoilé. Je ressentis pour Au-
» guste Comte l'attachement RELIGIEUX du dis-
» ciple pour le *maître*, et ma conduite témoigna
» de la sincérité de mes sentiments. Cependant
» un jour, au fond de l'Allemagne, où je m'occu-
» pais de faire connaître autant que je le pouvais
» les idées de mon *maître* ; je reçus d'Auguste
» Comte une lettre dans laquelle il m'annonçait à
» la fois, et qu'il avait rompu avec le saint-simo-
» nisme et qu'il m'affranchissait de sa *maîtrise*,
» ne voulant plus voir en moi un disciple, mais
» un ami. Auguste Comte est un homme JUSTE ; et
» il avait senti qu'à celui qui a *renié* son père,
» n'appartient plus le droit de *réclamer* le *dé-*
» *vouement* d'un fils.

» J'ai toujours respecté cependant le lien dont » on avait voulu m'affranchir, et Auguste Comte » sait que ma conversion à *la foi complète et re-* » *ligieuse* de Saint-Simon, dont il m'avait très- » longtemps éloigné, n'a point affaibli ma *recon-* » *naissance* envers lui. C'est ce sentiment qui, à » l'avenir, me fera multiplier mes efforts pour lui » faire apprécier des hommes qu'il méconnaît et » loin desquels il sera cependant toujours impuis- » sant. La *reconnaissance* de son *disciple* aura » peut-être le pouvoir de lui faire avouer et glori- » fier son *maître*.

» Gustave d'EICHTHAL.

» *Le Globe*, 13 janvier 1832. »

Au milieu de tant de protestations violentes, de tant de séparations douloureuses, de tant d'agressions sans mesure ou sans justice, le saint-simonisme poursuivait ainsi sa marche avec plus d'activité et d'énergie que jamais. Les enseignements, les prédications, les initiations individuelles, les missions et les correspondances apostoliques, continuaient sans interruption; les réunions d'ouvriers devenaient de plus en plus nombreuses et animées, et *le Globe* publiait avec exactitude le compte rendu de leurs intéressantes séances.

Parmi les enseignements, il en était un qui avait une importance particulière, une solennité exceptionnelle, c'était celui qu'Enfantin faisait lui-même, et qu'il avait commencé dès le lendemain de la protestation de J. Reynaud.

Quatorze séances avaient été consacrées à cet enseignement, tant à l'hôtel de la rue Monsigny qu'à la salle Taitbout, depuis le 28 novembre jusqu'au 31 décembre 1831. Le compte-rendu des cinq premières séances fut publié.

A la première séance, Enfantin, rappelant le *nouveau christianisme* de Saint-Simon, les travaux primitifs du collége et les lettres d'Eugène Rodrigues à Resseguier et à Burns, s'était attaché à démontrer que tous les travaux de la doctrine, philosophiquement, politiquement et théologiquement considérés, n'étaient que des *transformations* diverses du *dogme trinaire*, et que le caractère principal de l'apostolat saint-simonien était *la réhabilitation de la chair;* c'est-à-dire : EN RELIGION, la constitution du *culte;* EN POLITIQUE, l'organisation de *l'industrie;* EN MORALE, l'affranchissement de la *femme* et son ASSOCIATION par égalité avec *l'homme*.

« Notre apostolat, avait-il dit, consiste autant

dans *l'affranchissement de la femme* que dans *la réhabilitation de la chair*, quoique ces mots *affranchissement* et *réhabilitation* n'appartiennent pas à l'avenir; ils indiquent seulement une *préoccupation*, une *prédominance* tout à fait transitoires ; ils expriment la différence qui existe entre l'époque APOSTOLIQUE et celle de la CONSTITUTION DÉFINITIVE DE L'ASSOCIATION religieuse universelle. »

A la seconde séance (30 novembre), Enfantin avait poursuivi ses citations et ses développements de la correspondance religieuse d'Eugène Rodrigues avec Burns, et il avait été amené à signaler l'immense progrès qui sépare le *nouveau christianisme* de l'ancienne théologie, en s'écriant :

« Grand Dieu ! l'Église te représente dans un *repos* éternel depuis les six jours où tu créas le monde, selon son antique tradition; elle t'a fait à l'image de l'homme dont les jours aussi sont comptés, et pour qui, une fois mort, elle te demande aussi le *repos* éternel; et tu ne sortirais, suivant elle, de ce repos, que pour le jugement dernier, où *tous* seront appelés et *quelques-uns* seulement élus.

» Finissons-en avec ces croyances terribles que nous justifierons plus tard.

» Il n'y a point de passé pour Dieu. Dieu *aime*, *connaît* et crée éternellement. Réjouissez-vous, hommes dévoués qui *travaillez* pour l'humanité, fille de Dieu; la sainte famille humaine *vous aime*, car elle sait que vous lui fournissez les *moyens* d'atteindre son but, qui est Dieu; elle vous en rend grâce; et Dieu, par la bouche de ses prêtres, sanctifie vos utiles labeurs et les merveilles que crée votre industrie.

» *Repos éternel* pour l'homme après la mort, est-ce là ce que demandera l'Église de l'avenir? Non, non, tant que les hommes crurent au principe du mal, à qui Dieu avait abandonné la *matière*, ils durent se représenter leur vie *terrestre* comme une lutte perpétuelle; cette lutte fut d'abord d'homme à homme, plus tard de peuple à peuple; en dernier lieu enfin nous avons vu la population d'un nouveau monde exterminée par celle d'un monde ancien; dans le christianisme surtout, cette lutte se caractérisa, dans chaque *individu*, par le combat de la *chair* contre l'*esprit;* dans la *société*, par celui de l'*Église* contre l'*État;* et alors la vie n'étant plus qu'une arène, le chrétien chercha, dans la mort, le calme de la retraite : *Requiem æternam dona eis*.....

» Mais aujourd'hui la vie est une œuvre joyeuse ; l'enfance est un agréable réveil, la vieillesse un *endormissement* délicieux, et la mort le prélude d'une vie nouvelle, d'un nouveau progrès.

» Il ne s'agit donc plus pour nous du jugement dernier et du petit nombre des élus, car nous sommes tous enfants de Dieu, et l'enfant prodigue lui-même ne doit-il pas, tôt ou tard, rentrer sous le toit paternel ? »

Cet enseignement se terminait ainsi :

« Chers enfants, parce que nous allons nous occuper spécialement de l'*industrie*, du *culte* et des *femmes*, ils vont nous accuser de nous plonger dans un grossier *matérialisme;* ils diront que nous sommes retournés à l'*idolâtrie*, au *fétichisme*, que nous encensons le *veau d'or;* pour nous combattre, tous se feront chrétiens, tous s'écrieront que nous sommes retombés du *ciel*, foudroyés, écrasés sur cette *terre* de boue, car ils ignorent la gloire de l'*industrie* affranchie, les pompes du *culte* nouveau, la tendresse et la puissance de la *femme* ÉGALE de l'*homme*. Pour les convaincre d'IMPIÉTÉ, d'*ignorance* et d'*impuissance*, nous avons de grandes choses à faire ; déjà nous avons posé nos mains d'apôtres sur les INSTRUMENTS VIVANTS de l'*industrie*, déjà un grand nombre d'OUVRIERS nous ont salués du nom de pères; mais jusqu'ici nous ne les avons approchés qu'avec défiance dans nos propres forces; jusqu'ici nous n'avons été pour eux que des *docteurs* PHILANTHROPES, nous ne les avons pas fait vivre de notre vie saint-simonienne.

» Oui, l'œuvre que nous accomplissons aujourd'hui est une œuvre de *matière*, une œuvre d'*industrie;* c'est la *chair* que nous réhabilitons, que nous sanctifions; mais rappelez-vous ce qu'a dit Eugène : *Le feu sacré de l'enthousiasme ne s'allume point au chétif foyer de la philanthropie.* Certes, nous avons bien fait d'entrer dans la chambre de l'ouvrier, de l'en tirer, de l'associer avec ses frères; nous faisons bien encore de fonder des ateliers, de veiller à l'amélioration du sort moral, intellectuel et physique de ces enfants qui viennent à nous; mais nous abdiquerions la mission que SAINT-SIMON nous a donnée, et nous mériterions presque les accusations qui seront lancées contre nous, si nous réduisions le temple nouveau aux mesquines proportions d'une caserne ou plutôt d'un hospice. Ce ne sont point des *secours* que la classe la plus pauvre et la plus nombreuse attend des fils de SAINT-SIMON; elle veut une VIE NOU-

VELLE TOUT ENTIÈRE, une vie de religion et de poésie; il lui faut du grand, de la gloire; il lui faut des artistes qui l'exaltent et qui l'entraînent; l'ouvrier veut des fêtes; l'oisif en paye encore, mais n'en inspire plus, nous voulons du *beau;* nous sommes entrés chez les travailleurs en leur demandant le partage de leurs souffrances et de leurs larmes; mais n'oublions pas que, pour qu'ils voient en nous autre chose que des aumôniers du Christ, nous devons leur apporter un glorieux, un joyeux enthousiasme, et le répandre avec eux et par eux sur toute la terre. »

A la troisième séance (2 décembre), l'enseignement d'Enfantin avait embrassé *l'autorité* et la *liberté* et la question de *la loi vivante* [1]. C'est là qu'il avait posé le catéchisme comme *éternellement progressif*, et comme base de la justice humaine, pour apprécier la moralité des pensées et des actes de l'inférieur et du supérieur lui-même, celui-ci n'étant point *infaillible.*

« J'ai prononcé ce grand mot de JUSTICE, avait-il

1. Dans son deuxième enseignement, Enfantin avait dit : « La loi, c'est l'harmonie sans cesse progressive de la chair et de l'esprit, de l'industrie et de la science, de l'Orient et de l'Occident, de la femme et de l'homme. »

ajouté; je vais dire ce que seront le JUGE et la JUSTICE dans l'avenir.

» Le PRÊTRE n'est pas le *juge*. Le *juge* est l'homme qui *analyse* la vie humaine.

» Le prêtre SENT qu'un fidèle est dans une position vertueuse ou vicieuse, lorsque son amour pour lui augmente ou diminue. Il sent cette position, et il l'exprime à sa manière, remettant au juge le soin d'analyser la vie du fidèle, de faire la part du bien et du mal...

» Prononcé par le juge, l'arrêt est exécuté par celui qui punit et récompense, par celui qui applique la LOI.

» Le *juge* et l'*exécuteur*, soit qu'ils condamnent ou glorifient, soit qu'ils punissent ou récompensent, sont toujours rappelés par le PRÊTRE à ce SENTIMENT divin, savoir : que la destinée DÉFINITIVE de l'homme soumis au *jugement* et à l'*exécution* du jugement, quel que soit cet homme, est sainte, et ne diffère pas de celle qui est réservée au *juge* et à l'*exécuteur*, et au PRÊTRE lui-même. De là résulte un LIEN inconnu à toutes les RELIGIONS du passé, qui UNIT tous les hommes, sans exception, depuis le CHEF SUPRÊME jusqu'à l'être placé le plus bas dans l'échelle sociale; depuis l'homme qui n'a pas de supérieur ni même d'égal, jusqu'à celui qui n'a personne au-dessous de lui; depuis l'homme auquel se rattachent tous les autres hommes, jusqu'à celui qui a, pour ainsi dire, rompu son ban avec l'humanité; lien indissoluble, universel, symbole toujours présent de la FRATERNITÉ DÉFINITIVE.

» L'une des deux cérémonies les plus importantes de l'avenir, ce sera celle de la *condamnaion* la plus grande, celle ou le crime le plus épouvantable recevra son *jugement* et *l'exécution* de ce jugement : jour de deuil, mais jour puissant pour l'éducation du genre humain. Alors le criminel ne sera point frappé d'un indélébile anathème ni d'une réprobation éternelle; et le CHEF SUPRÊME, en présence de ce malheureux qui, parmi tous ses enfants, aura le plus failli, sentira remonter vers lui-même une partie du jugement prononcé contre le criminel; car lui-même fut, est, et sera FAILLIBLE, il est HOMME. Dans ce moment solennel, je vois le CHEF SUPRÊME, entre le *juge* et l'*exécuteur*, tendre ses mains paternelles au coupable, et l'interroger, attendant de cet homme si bas, si misérable, attendant à son tour une révélation. « Dis-moi, enfant, dis, quoi donc y
» a-t-il en moi, en nous tous, de si mauvais encore,
» que la famille dont je suis le père ne puisse pas
» donner le bonheur à l'un de ses membres, ni

» l'empêcher, à force d'amour, de se révolter contre
» elle? dis, que nous manque-t-il? moi-même, quel
» progrès ai-je à faire? aide-moi à l'accomplir. Dieu
» est tout ce qui est, nul de nous n'est lui, et AUCUN
» DE MES ENFANTS N'EST HORS DE LUI. »

» Le LIEN entre le chef suprême et le dernier des hommes a été pressenti à toutes les époques par l'humanité, qui a toujours aspiré à *l'égalité*; mais il a dû l'être particulièrement par le christianisme, qui substituait à l'esclavage du plus grand nombre la *fraternité* universelle : aussi, au milieu des pratiques d'un culte qui établissait cependant encore une distance incommensurable entre un chef infaillible et tous les fidèles, le serviteur des serviteurs de Dieu se courbait devant les pieds fatigués du pauvre, les baignait, les lavait, les essuyait, en répétant les paroles du Christ : « Si moi, qui suis votre
» seigneur et votre maître, je lave vos pieds, ce que
» je fais pour vous, faites-le entre vous, je vous ai
» donné l'exemple. »

» Mais n'oubliez point qu'en mettant sous vos yeux, comme je viens de le faire, le tableau de *l'humilité* transfigurée par SAINT-SIMON, n'oubliez pas que, malgré l'abandon fait par nous au passé de *l'infaillibilité* papale, le père de la famille nouvelle, s'il reconnaît sa *faiblesse*, sent et exprime aussi sa *puissance*, il n'est CHEF SUPRÊME que parce qu'il renferme en LUI, à un degré SUPRÊME, l'amour et le respect pour *tous*, mais aussi le besoin de l'amour et du respect de *tòus* pour LUI...

» Cette forme nouvelle de l'autorité, dans l'avenir, renferme une garantie toute-puissante contre le despotisme et contre la révolte. Lorsque le pouvoir sera exercé par un couple, rien de ce qui est humain n'échappera à son autorité ; l'obéissance sera facile, parce que l'inférieur sera toujours senti par le supérieur. Dans tout le passé, au contraire, une portion considérable de ce qui est humain échappait à la vue du chef, puisqu'il était seul ; et tout ce qui échappait à son amour était réprouvé et comprimé par lui ; alors des chaînes pesantes et de cruelles damnations écrasaient cette portion de l'humanité qui rêvait, dans le silence des prisons et dans les douleurs de la pénitence, son affranchissement, et qui le préparait sans cesse par le mensonge ou par la violence : alors, dans l'intérêt de ces esclaves et de ces parias, et aussi dans l'intérêt de tous, car tous souffrent là où règne l'esclavage et là où fulmine l'excommunication, quelques voix généreuses ont pu et ont dû s'écrier parfois, et faire répéter aux peuples, que l'insurrection était le plus saint des devoirs.

» Mais l'autorité de l'avenir n'a plus d'anathèmes et de réprobation ; elle comprend l'humanité tout entière dans son amour ; elle n'est plus exclusive, elle n'est donc plus absolue, elle aime, elle est aimée. »

Passant ensuite à l'examen de la loi du développement de chaque individu, qu'il considérait comme étroitement liée à la double question de LA VIE FUTURE et de LA VIE PASSÉE, Enfantin s'était écrié en finissant :

« Dire aux hommes, à chacun comme à tous, ce qu'ils désirent, et le leur apprendre, avant qu'ils aient pu eux-mêmes le formuler, c'est, je le confesse à la gloire de notre maître, c'est PROFÉRER LA PAROLE DE DIEU ; et quel est donc celui d'entre vous, enfants, qui, lorsque nous lui avons appris qu'il pouvait poser sur sa tête la couronne de l'apostolat, n'a pas été SÉDUIT par nous ? Laissez, laissez aux faibles la crainte d'être SÉDUITS par l'homme qui leur révèle un amour nouveau.

» Ecoutez ; à chaque époque où l'humanité a eu de grandes choses à faire, elle a été entraînée par des hommes, par un homme surtout qui s'est trouvé placé à une distance immense de ceux qui l'entouraient. Cet homme, ce fut Moïse, Orphée, Jésus.

Mahomet, Saint-Simon, et ce fut aussi Grégoire VII et Charlemagne, Luther et Napoléon ; ils ont exercé sur l'humanité une véritable dictature. Eh bien ! je vous le dis, nous avons encore aujourd'hui une grande chose à faire, une œuvre immense; plus nous allons marcher, et plus votre père qui vous parle exercera sur vous une dictature, mais une dictature nouvelle, car il ne connaît pas d'ennemis ni de profanes; l'affection dont vous l'entourerez étonnera le monde, qui ne comprend plus ce que c'est que d'aimer un chef, un père ; l'humanité doit retrouver par moi les joies de la paternité, par vous les douceurs de l'obéissance filiale, et pour cela nous réagirons fortement sur elle, car elle a bien troublé les sources de sa vie. Lorsque les prolétaires et les femmes sentiront qui nous sommes, et ce que nous sommes venus faire pour eux, ceux d'entre vous qui pourraient craindre encore l'enivrement de l'hommage pour moi, devront se tenir en garde eux-mêmes. Vous tous, qui êtes ici, vous aurez plus à vous en garantir que moi, car j'ai prévu avant vous que cet hommage entourerait notre apostolat, et ce sera encore moi qui saurai vous en défendre. Alors on comprendra sans peine combien est puéril ce reproche fait à l'autorité saint-simonienne, de vouloir caresser les vices pour obtenir la dévotion au pouvoir ; vous-mêmes, vous sentirez combien votre autorité serait faible si vous le pratiquiez ainsi ; et là où vous verrez la puissance, vous saurez bien que ce n'est point avec cette arme satanique qu'elle a été conquise. »

Dans le quatrième enseignement (5 décembre), Enfantin avait continué l'exposition de ses pensées si hardies sur *la loi vivante,* et il avait fait entendre ces superbes paroles :

» Nous avons su faire notre éducation scientifique, en nous soumettant aux conditions d'existence qu'elle impose; notre adolescence saint-simonienne s'est pliée aux exigences de la méditation, nous avons su nous retirer du monde; mais aujourd'hui nous sommes prêts à l'envahir : nous avons revêtu la robe virile, nous voulons pratiquer et montrer ce que nous avons appris et enseigné, nous voulons nous faire voir, plus encore que nous faire lire. Notre premier pas dans la vie sociale doit être une marche fière, courageuse, pleine de verve et d'enthousiasme, vers la maturité du sacerdoce futur; nous ne sommes que des hommes, la femme n'est point associée avec nous : elle manque à notre autorité, à notre liberté, car elle manque à notre amour. Eh bien ! pour l'appeler, montrons-lui que notre front glorieux ne cherche point humblement une couronne d'épines. »

La cinquième séance (7 décembre) avait été consacrée à l'explication des théories morales qui avaient plus particulièrement agité et divisé le collége. Au début de cette exposition spéciale, Enfantin avait dit :

« L'art le plus grand n'est plus pour nous d'HARMONISER des *idées* ou des *choses*, des *sons* ou des *formes*, mais de RELIER des HOMMES : il nous importe donc de connaître les caractères, les sentiments, les passions, afin de distinguer ou d'unir, de séparer ou de rapprocher les hommes, selon leur nature propre, afin de les NOMMER selon leur AMOUR, de les *classer* selon leur *vocation*, de les *rétribuer* selon leurs *œuvres*. »

Après avoir expliqué comment le prêtre, dans l'antiquité et au moyen âge, avait tour à tour, selon le dogme régnant, trop accordé d'abord à la prédominance de la chair, puis aux exigences exclusives de l'esprit, Enfantin annonçait que le couple sacerdotal de l'avenir, représentant l'union harmonieuse de la chair et de l'esprit, serait enfin *le véritable médecin de l'*AME. « Et maintenant.

ajoutait-il, si l'on me demande quelle est la LIMITE que je pose à l'influence que le prêtre et la prêtresse exerceront sur les fidèles, je réponds : MOI HOMME, MOI, SEUL, je n'en pose aucune; la femme parlera. La *liberté* pleine et entière que je lui offre avec toute la franchise de mon cœur d'homme, je veux qu'elle soit *libre* encore de me la refuser ou de ne l'accepter qu'en partie. »

« Mais, continuait Enfantin, j'en appelle dès aujourd'hui à la douceur, à la tendresse, à la bonté, à l'indulgence de son cœur. Au nom de Dieu et de toutes les souffrances que l'humanité, sa fille chérie, ressent aujourd'hui dans sa *chair ;* au nom de la classe la plus pauvre et la plus nombreuse dont les filles sont vendues à l'oisiveté et les fils livrés à la guerre; au nom de tous ces hommes et de toutes ces femmes, qui jettent le voile brillant du mensonge ou les sales haillons de la débauche sur leur secrète prostitution ; au nom de Saint-Simon, qui est venu annoncer à l'*homme* et à la *femme* leur égalité morale, sociale, religieuse, je la conjure de me répondre, et je demande encore une fois à sa pudeur de voiler la nudité de ma parole. »

Les enseignements subséquents d'Enfantin, au

nombre de treize, quoique tous également remarquables, ne furent point livrés à l'impression et sont encore inédits. Leur publication intégrale, dans les premiers volumes qui suivront cette notice historique, fera connaître, dans toute son étendue, la grandeur apostolique, la puissance de pensée et de style, que possédait à un si haut degré l'audacieux provocateur de la parole libre de la femme. En attendant, nous pouvons soumettre ici au public les sommaires de ces enseignements, tels qu'ils ont été rédigés, en 1854, par Enfantin lui-même.

SOMMAIRES.

Sixième enseignement (le 9 décembre 1831).

« Réfutation des objections contre la MORALE NOUVELLE (le pouvoir abusera; la satisfaction des appétits physiques est une excitation à la débauche). La définition du pouvoir est : qui use le mieux et abuse le moins. — Retourner l'objection sur la satisfaction excessive des appétits *physiques* contre la satisfaction excessive des appétits *intellectuels*. — Égalité des deux natures, en MÉTAPHYSIQUE (*identité* et *différence*), en POLITIQUE (*autorité* et *liberté*), en MORALE (*constance* et *mobilité*). — Le divorce est une protestation contre la constitution

MORALE et *financière* de la famille chrétienne. — Dangers des transitions brusques. — Exemples dans l'ordre industriel : les banques qui sont un acheminement vers la répartition des instruments de travail selon la capacité; les industriels qui prennent de plus en plus une influence politique; la bourse enfin, sont des signes plus ou moins impies ou ignobles d'un religieux et glorieux avenir. — Fondation d'un culte nouveau. — Rôle des artistes dans cette création qui réhabilite la *chair*. — Nécessité de la confession publique pour les apôtres d'une semblable révélation. — Examen et réfutation des deux opinions extrêmes : *Sans hérédité, pas de famille, et avec la famille pas de classement, selon la capacité*. — La vie de *famille* et la vie *publique* : union de ces deux faces de la vie. »

Septième enseignement (le 12 décembre 1831).

« Explication sur l'emploi des mots PÈRE et *fils*. — Enseignement sur le dualisme moral *constance, mobilité*. — Application de la trinité, *science, industrie, beaux-arts*, à l'*Allemagne*, l'*Angleterre*, la FRANCE. Prédominance de l'une des natures dans chacune des trois nations. — Explications demandées par Baud sur l'influence MORALE, *spiri-*

tuelle et *charnelle*, du PRÊTRE.—Réponse du PÈRE. — Divorce, veuvage, célibat; la séduction par l'*esprit* est aussi dangereuse que la séduction par les *sens;* elles constituent également la captation et non la direction; c'est l'abus de la supériorité, non son usage. — Développer chacun selon *sa* nature; faire suivre à chacun *sa* route; l'aimer *tel qu'il est*, bon et mauvais, mais progressif; garantir Otello de la légèreté de don Juan et don Juan de la jalousie d'Otello, les unir dans leur commune affection pour le COUPLE PRÊTRE. — Sur la pratique des THÉORIES MORALES nouvelles, faire encore peser sur nous l'abnégation chrétienne. — D'EICHTHAL LAMBERT, MICHEL, BOUFFARD prennent part à la discussion. — Explication par le PÈRE de ces mots : *Il faut que la femme libre parle.* — Appel à l'affranchissement du prolétaire et de la femme, mais en leur recommandant la patience. »

Huitième enseignement (13 décembre 1831).

« Événements intérieurs, mouvement dans les églises de province ; missions vers les églises de Toulouse (BOUFFART, HOART, *Auguste Chevalier*), de Metz (*Ollivier, Simon* et *Petit*). — Retour de FOURNEL dans la famille. — Degré des ouvriers; association d'ouvriers; besoin d'argent ; acte d'association; œuvre de diaconat; requête aux riches de la terre pour les frais du culte. — Préparation aux professions de foi publiques.

» Reprise de l'enseignement. — Explications demandées par Baud sur la tendance vers l'égalité et vers l'état sacerdotal. — Réponse du PÈRE : La Trinité; les dualismes en métaphysique, en politique et en morale; la communion complète des termes de chaque dualisme n'a lieu qu'à une *époque* et une *distance* INDÉFINIES; la vie est le progrès vers cette limite. — Objections de *Guéroult* contre la négation des deux termes : constant et mobile. — Réponse du PÈRE, de LAMBERT, d'Isaac *Péreire*, d'Edmond TALABOT, de *Duguet*. »

Neuvième enseignement (14 décembre 1831).

« Réfutation des objections suivantes : la doctrine conduit, en religion et en philosophie, à la confusion panthéistique, en politique à la loi agraire, à la communauté des biens, en morale à la promiscuité ou communauté des femmes. — Le PÈRE pose ainsi les termes de la profession de foi de ses fils : *comment chacun de vous sent-il* DIEU, le PÈRE et LUI-MÊME? — Professions de foi de *Duguet*, de *Baud*, de *Huguet* (vie future), de *Rigaud*, d'*Hosltein*, de *Lesbazeilles*, d'*Isaac Péreire*, de *Henri*, de MICHEL CHEVALIER (politique pacifique, Dieu dans toutes les classes et dans tous les peuples), de LAMBERT (fatalisme détruit par la loi du progrès; dogme saint-simonien : loi vivante, réhabilitation de la *chair*, organisation de l'*industrie*, affranchissement de la femme), de BARRAULT (l'autorité, parole vivante, populaire, apostolique ; politique de concicilation ; organisation du culte ; appel des femmes ; loi vivante). »

Dixième enseignement (16 décembre 1831).

« Les professions de foi *publiques* et les confessions *privées* sont des préparations à l'*élection ;* elles précèdent la désignation à la fonction, soit par les *inférieurs*, soit par le *supérieur*. — Aperçu de l'organisation industrielle. — Les banquiers, les ingénieurs et les ouvriers, qui fournissent l'argent, le plan et le travail, sont les trois éléments vivants de la grande œuvre industrielle, base du culte nouveau. Les banquiers jouent déjà un rôle imposant dans la politique, par le budget et les emprunts ; les ingénieurs en joueront un par l'importance des grands travaux d'utilité publique, soit qu'il s'agisse de la réforme d'une branche de l'exploitation du globe, soit qu'on accomplisse un grand progrès dans les voies de communication. — Alors les prolétaires arriveront aussi à la vie politique. — Le culte symbolisera l'instrument de travail, le costume, l'habitation, la vie entière du travailleur. — Le temple, la cité. — TRANSON, MICHEL et FLACHAT sont chargés des rapports avec les ingénieurs. — Rôle des artistes. — Armée pacifique des travailleurs. — La force, l'adresse, la beauté, la santé. — Hygiène. — Communion avec les ouvriers sous le patronage de *Flachat* et d'*Holstein*. — Degré *préparatoire*, degré des *ouvriers*, degré d'*initiation*. — Retraite de ceux qui doutent. — Besoins d'argent. »

Onzième enseignement (décembre 1831).

« Professions de foi : de *Guéroult* (complète, inébranlable, mais douloureuse) ; de d'EICHTHAL (juif, chrétien, saint-simonien) ; de Massol (converti aux théories morales par l'exagération de la colère de DUGIED contre elles ; réhabilitation de la chair) ; de *Clouet* (espoir dans le prolétaire et la femme) ; d'*Haspott* (les premières femmes qui viendront à nous seront des victimes) ; explications demandées et données par le PÈRE sur cette phrase. — Reprise de la profession de foi de d'EICHTHAL (le seul dont la foi dans le PÈRE n'ait jamais fléchi). — Politique pacifique. — L'homme du supérieur plutôt que de l'inférieur, de l'égoïsme plutôt que de l'abnégation, de la gloire plus que de l'humilité. »

Douzième enseignement (décembre 1831).

« Communion de *Huguet.* — Réconciliation de *Jallat* et de *Duguet.* — Parole d'E. TALABOT à *Huguet.* Réconciliation avec *Duguet.* — D'EICHTHAL sur la gloire et le devoir; rapprochement avec TALABOT; rappel de communion pour HOART, absent. — Remercîment du PÈRE à *Huguet.* — Nouvelles explications sur la justice à rendre aux deux natures. — Application à la Famille qui renferme tous les types divers. — La Famille est le livre qu'il faut lire pour comprendre et enseigner les théories morales. — Gloire et abnégation, orgueil et humilité. — Sur d'EICHTHAL et TRANSON. — Sur EUGÈNE RODRIGUES. Le PÈRE doit porter en lui le signe de l'*industrie*, du *culte*, de la femme; il doit réhabiliter en lui-même l'*intérêt*, la *gloire*, l'égoïsme. — Sur OLINDE RODRIGUES. — Jallat (orgueil et humilité). »

Treizième enseignement (décembre 1831).

« L'enthousiasme, la sainte personnalité, la gloire animent les créateurs d'un nouveau monde, générateurs et apôtres de l'humanité, prophètes et révélateurs de DIEU. — TRANSON sur la *gloire* (il l'aime préparée par et dans le mystère) ; réponse du PÈRE : l'époque apostolique comporte peu la gloire sous cette forme ; l'apôtre, frère de tous, n'a pas de famille, il est sur la grande route et n'a pas de cité, il habite le globe et n'a pas de patrie. Il doit être clair et saisissable comme le PRÉSENT entre l'obscurité du *passé* et le mystère de l'*avenir*, il EST. — D'EICHTHAL sur la gloire (il l'a cherchée jusqu'ici par le sacrifice, l'abnégation, l'humilité, mais en torturant sa nature, car en réalité il l'aime pour l'éclat, la pompe, les joies qu'elle donne à tous, et qui l'entourent). — TRANSON, se comparant à EUGÈNE et à d'EICHTHAL, confesse avoir plus besoin de recevoir des témoignages d'affection que d'en donner. — Apprentissage du monde par la connaissance intime et profonde des membres de l'apostolat. — MICHEL CHEVALIER sur lui-même à propos de TRANSON et de d'EICHTHAL (Jamais il n'a rêvé qu'il était roi, mais quelquefois qu'il était ministre, non de l'instruction publique, mais des affaires étrangères ; il est l'homme de la raison d'État et de la vie future ; il est glorieux ; il aime l'ostentation, mais comme une face du devoir. — Fonction de Berthier près de Napoléon. — Sur Jean Reynaud ; grande personnalité). — LAMBERT, à propos de TRANSON, expose le traitement des natures abstraites, malades par développement excessif ou par absence de légitime satisfaction.

Quatorzième enseignement (décembre 1831).

« Professions de foi : de *Stéphane Flachat* (confirmé par les dissidents; amour du PÈRE, admiration du prolétaire) ; de *Bruneau* (modestie, humilité, devoir, amour du PÈRE) ; de *Raymond Bonheur* (les femmes, le plaisir, la lumière, artiste et prolétaire, affinité pour *Henry* et *Baud*) ; de Pin (misanthropie transformée en philanthropie, mais pas conscience suffisante de la religion; renvoi à LAMBERT); de *Delaporte* (insensibilité devant les maux *individuels*, sensibilité pour les douleurs *sociales ;* il était cosmopolite, républicain et athée ; en morale négation absolue ; Byron ; Satan, la guerre et le bourreau). — Réponse et avertissements du PÈRE. — Réplique de *Delaporte* (soumission absolue à la direction du PÈRE). — Nouveaux avertissements du PÈRE sur la mesure à apporter, dans nos réhabilitations et révélations contraires à la morale chrétienne. En morale comme en politique, il y a deux partis extrêmes, des légitimistes et des républicains, et entre eux un juste-milieu ; nous devons justifier cette bourgeoisie morale, afin d'agir pacifiquement. — *Delaporte* cessera sa fonction près des ouvriers. »

Cet enseignement suprême remplit encore quatre séances (les 24 et 31 janvier et les 7 et 18 février). Avant d'en reproduire les sommaires, nous devons parler des actes publics de l'apostolat et des événements imprévus qui firent, du mois de janvier 1832, une époque mémorable dans les fastes saint-simoniens.

A côté de l'exposition doctrinale, si grandiose dans la bouche d'Enfantin, et destinée principalement d'abord à l'instruction de ses disciples, il y avait des séances particulières pour les industriels, pour les ouvriers, sous la direction d'Olinde Rodrigues et de Stéphane Flachat. Quelques extraits des procès-verbaux de ces dernières réunions mettront en relief un des aspects les plus intéressants du mouvement saint-simonien.

RÉUNION DU DEGRÉ DES INDUSTRIELS.

Séance du 1er janvier.

Le père suprême : « Enfants, nous entrons dans une année nouvelle. Nous avons beaucoup fait l'année passée sans vous, mais cette année nous ferons beaucoup avec vous et par vous; c'est vous qui donnerez surtout au monde l'exemple vivant de la moralité saint-simonienne, de la moralité politique et de la moralité intérieure; c'est vous qui lui prouverez le plus quelle est la puissance de notre foi; c'est à vous surtout qu'il s'attachera pour nous sentir et nous connaître, parce qu'on verra comment nous vous aimons et combien vous nous aimez : ce sera la meilleure justification de la puissance de la doctrine. »

Le père *Olinde :* « Flachat, présente au père suprême ton travail sur l'installation des chefs et sous-chefs de section, chargés de la propagation de notre foi parmi les industriels. »

— « Stéphane Flachat, après quelques considérations sur les divers quartiers de Paris, propose une organisation dont les détails seront prochainement présentés dans *le Globe*. D'après cette organisation, la propagation parmi les industriels serait confiée à quatre directeurs de section ayant sous leurs ordres des sous-directeurs. Stéphane Flachat propose pour chefs des quatre sections : Rigaud, Haspott, immédiatement assistés comme co-directeurs, de Clouet et de Raimond Bonheur, Lesbazeilles, et Hippolyte Pennekère. »

Le père Enfantin : « Enfants, avec de tels chefs, l'émeute n'est plus possible. Vous avez tous pris ici l'engagement devant votre père *Olinde*, devant tous ses enfants, de faire tout ce qui sera en vous pour pénétrer les cœurs des sentiments pacifiques qui nous animent. Rappelez-vous surtout que c'est par la femme que nous pourrons empêcher, autant qu'il sera en nous, l'émeute de reparaître, et calmer les maux qu'elle cause. C'est avec cette foi, que nous ferons tout ce qu'il nous sera possible pour montrer que Dieu parle en nous et par nous au monde, que nous lui apportons la loi d'association universelle.

» C'est en nous montrant animés de cette foi que nous ferons tomber devant nous toutes les accusations, tous les reproches calomnieux, toutes les injures qui pourraient nous être adressés par un monde qui nous ignore, qui nous veut voir à l'œuvre pour nous comprendre et nous aimer.

» C'est par l'*œuvre* surtout que les saint-simoniens se feront connaître, comme ils se sont fait connaître par leur *science*, par leur savoir, par leur intelligence, par leur prévision sur l'avenir social; ils ont besoin aujourd'hui de prouver qu'ils savent *pratiquer* la vie qu'ils annoncent pour tous.

» Tous nos petits enfants qui sont là près de nous, voilà encore les armes que nous emploierons contre l'émeute, et nos vieillards aussi marcheront avec eux, et devant cette troupe nouvelle, devant cette armée pacifique, qui donc dira que nous voulons bouleverser le monde? »

Le père *Olinde* : « Mes enfants, dimanche j'ai ajourné à ce jour la profession de foi d'une femme; cette femme est Julie F..... Vous savez tous pourquoi a été ajournée cette profession de foi :

» Julie F....., décorée de Juillet, est républicaine, et j'ai dit que je ne reconnaissais dans cette enceinte aucune opinion républicaine; j'ai dit, et je le répète, que je ne pouvais attacher à ma religion une chimère. La république est impossible. J'ai demandé à Julie F..... de prendre huit jours pour méditer, réfléchir sur la transformation qui s'était opérée en elle et qu'elle m'annonçait. Depuis elle est venue me voir, elle m'a dit sa vie, et je la connais. Maintenant je lui rends la parole que je lui avais retirée.

» Julie, dites ce que vous sentez, ce que vous désirez. »

— Julie F..... : « J'ai médité vos paroles depuis » dimanche, mon Père. Ma vie passée répond au- » jourd'hui de ma sincérité. Je me sens la force, » et quand je le dis on peut me croire, de détruire » en moi les passions et la haine dont je m'étais » nourrie et inspirée jusqu'ici. Par vous, j'ai senti » toute l'amertume dont mes malheurs m'avaient » remplie se changer en une bienveillance géné- » rale, en un amour profond; et ce monde que j'a- » vais rêvé lors de cette première communion, » lorsque je fus appelée dans un temple catholi- » que pour renouveler les vœux du baptême, ce » monde semble aujourd'hui se réaliser pour moi. » Je ne comprenais pas alors ce que je disais, mais » je sentais un instinct, un sentiment inné qui m'ap- » pelait vers l'avenir.

» J'éprouve aujourd'hui devant vous la réalisa- » tion de tout ce que j'avais pressenti à travers des » malheurs inouïs, des infortunes extraordinaires

» qui m'ont souvent poussée vers un précipice af-
» freux. »

— » Julie fait ici le récit des infortunes qui l'ont poursuivie dès son enfance. Elle raconte comment elle fut, jeune encore, rejetée du sein de ses parents, avec ces mots : « En te donnant la vie, nous
» t'avons donné plus qu'il n'était en notre vo-
» lonté. »

» Elle a retracé vivement sa vie politique, dépeint l'enthousiasme dont l'avaient inspirée les idées républicaines. Longtemps, l'impression qu'elles avaient faite sur elle l'ont empêchée de sentir tout le bonheur que d'autres croyances, qu'un culte religieux d'amour et de paix, promettaient à son cœur déchiré et à l'humanité tout entière. Le combat qu'elle a eu à soutenir a été vif; enfin, comme après un songe pénible et d'épaisses ténèbres, elle a ouvert les yeux et vu la lumière éclatante de la vérité; toutes ses illusions et ses prestiges se sont dissipés, les chimères dont elle s'était bercée ont disparu. Sa transformation est aujourd'hui complète : elle le sent à ce bien-être, à ce je ne sais quoi de doux, de tendre, de ravissant, qu'elle n'avait jusque-là jamais éprouvé et qui est pour elle l'aurore de son bonheur à venir. Elle demande à être admise dans la famille saint-simonienne.

» L'émotion profonde qu'éprouve Julie en retraçant les scènes de sa vie qui lui rappelaient les plus pénibles et les plus déchirants souvenirs, a électrisé l'auditoire à plusieurs reprises, et l'a forcée elle-même de suspendre son récit, que nous ne pouvons reproduire que très-imparfaitement et au moyen des notes très-incomplètes recueillies par notre sténographe, l'émotion qu'éprouvait Julie lui ayant à peine permis de se faire entendre. »

Le père *Olinde :* « Julie, je veux ajouter à ce que tu viens de dire quelques détails de ta vie que tu m'as confiés, et qui te feront mieux connaître.

» Julie F....., depuis l'âge de quatorze ans, a vécu et a fait vivre plusieurs familles du travail de ses mains, du travail de son intelligence industrielle. Un jour, elle rentra chez elle convalescente, elle ne retrouva même pas les instruments de son industrie; elle recommença tout. Mais elle avait un enfant qui était à quarante lieues, et depuis que Julie était malade, les mois de nourrice n'avaient pas été payés; Julie écrivit au père nourricier : « Je vais vous payer, je travaille; j'ai besoin de voir mon fils pour travailler avec plus de force : envoyez-le-moi. » Et on ne voulut pas lui confier son enfant,

» Julie partit, fit quarante lieues à pied pour voir son enfant. Elle fit plus, elle s'établit près de lui, loin de toutes les habitudes de son industrie ; elle y travailla, elle moissonna, et, pendant longtemps, gagna douze sous par jour, et parvint à retirer son enfant.

» Julie veut constater la puissance industrielle de la femme, de la femme livrée à ses propres ressources, et, par sa propre énergie, se développant au milieu de ce monde, qui, avant sa naissance, lui avait fermé les portes. »

Le père Enfantin : « Julie, tu as demandé tout à l'heure une famille nouvelle. Tu pourras la trouver dans la nôtre. Mais j'ai besoin de te voir plus intimement, j'ai besoin de connaître moins ta puissance politique, ton intelligence industrielle, que ton cœur, que tes sympathies. — La politique et l'industrie : jusqu'à présent les femmes ne s'en sont pas occupées, et ce sont des merveilles, des phénomènes extraordinaires que les femmes qui s'y livrent avec autant d'ardeur que tu l'as fait. Les femmes qui se livrent comme tu l'as fait aux passions politiques, qui, en même temps, refont quatre fois leur fortune, ce sont, dis-je, des exemples rares, et ce sont ces exemples que nous, saint-simoniens, pouvons seuls découvrir dans le monde et mettre en lumière devant tous.

» Oui, nous avons besoin de femmes qui sortent des habitudes ordinaires de la vie féminine imposée par la loi chrétienne. Nous avons besoin de femmes ardentes, désireuses de changer ce monde, de lui donner des preuves de la puissance éclatante qui est dans la femme, et de s'associer aux travaux de l'homme. »

Le père *Olinde :* « Enfants, vous savez que j'ai introduit l'usage de ne jamais terminer nos réunions sans donner la parole à un homme et à une femme. Que l'homme ou la femme qui, dans cette enceinte, est le plus frappé de ce qu'il a entendu, prenne la parole, et qu'il l'exprime. »

— Un homme se lève, et, d'une voix forte, s'exprime en ces termes :

« Rendez honneur au père *Olinde* et au père *Enfantin*. Ils ont consacré leur vie au bonheur des humains. Mes pères, je viens, au renouvellement de cette année, au nom du Dieu vivant qui nous anime tous, vous rendre un témoignage d'amour et de reconnaissance pour le développement que l'humanité a reçu depuis votre glorieux avénement au faîte de la hiérarchie saint-simonienne.

» Mes pères, je n'avais éprouvé que des malheurs, je n'avais jamais connu le bonheur de la vie, loin de là ; les malheurs et l'ignominie, dès la première aurore de ma vie, ont assiégé mes jours : l'heure n'était pas arrivée où je devais briser les chaînes qui pèsent sur moi depuis quinze années; j'espère que bientôt elle va sonner, et ma vie vous sera consacrée. »

Le père *Olinde :* « Quel est ton nom? »

— « Lemeure. »

Le père *Olinde :* « Ton état? »

Lemeure : « Tailleur. Mes frères et sœurs, vous tous qui grandissez sous l'arbre saint de la capacité, c'est entre vos mains qu'est remis le flambeau de l'amélioration, c'est vous qui affranchirez l'univers de sa misère.

» Mon père, votre famille est encore peu nombreuse; mais un jour viendra où elle sera l'univers, et le nom des saint-simoniens régnera sur la terre. (Applaudissements dans l'assemblée.) Le monde que vous aurez rendu heureux applaudira à vos nobles bienfaits et vous rendra grâce de l'avoir conduit dans le sentier du bonheur et de l'association universelle. »

Le père *Olinde :* « Est-ce que tu es marié? »

Lemeure : « Je suis garçon. »

Le père *Olinde* (s'adressant à Flachat) : « Est-il dans la maison de Popincourt ? »

Flachat : « Non, père; mais il doit entrer dans l'association des tailleurs. »

Le père *Olinde :* « Vous commencez cette année avec des sentiments bien différents de ceux avec lesquels vous êtes entrés dans l'année qui vient de s'écouler. La plus grande partie de ceux qui sont ici étaient animés de sentiments hostiles, de défiance contre tout ce qui les entourait, et aujourd'hui vous saluez le renouvellement de l'année avec un cri de joie, vous glorifiez Saint-Simon, le pacificateur, celui qui a fondé la famille nouvelle, et vous comprenez tout ce qu'il y a de grand, d'avenir, dans cette parole du Christ, que j'ai transformée : « Celui qui n'est pas avec nous sera bientôt avec nous, et non pas contre nous. »

» C'est avec ces sentiments-là que vous allez poursuivre le cours de vos travaux, de votre apostolat.

» Des hommes qui viennent de vous être donnés pour chefs ont déjà reçu aujourd'hui la sanction de leur élection; ils l'ont reçue aussi solennellement qu'il était en mon pouvoir de la leur faire donner, ils l'ont reçue du Père Suprême de notre religion. Maintenant que vous les connaissez, ils vont redoubler d'activité pour répandre la parole saint-simonienne, pour augmenter cette famille déjà très-nombreuse, quand on la compare aux familles en dehors de nous, et si petite encore, vous le sentez, en comparaison de celles que nous devons fonder; nous comptons que vous les seconderez. » (De toutes parts : Oui ! oui !)

Julie : « Père, puis-je ajouter un mot? »

Le Père Suprême : « Parle. »

Julie F... : « Je vous ai parlé de moi et des sentiments nouveaux que j'éprouve depuis que j'ai compris la parole de Saint-Simon. Je désire que l'on trouve la preuve de ma sincérité dans l'hommage que je viens publiquement ici rendre au gouvernement.

» Lorsque, après la révolution de Juillet, l'enthousiasme de ceux qui m'avaient vue au milieu du combat était porté au plus haut degré, il fut question de moi à la cour, dans le ministère. On donna l'ordre d'élever mes enfants aux frais de la nation, mais déjà la décadence de notre gloire et de nos espérances m'avait rendu mon orgueil et ma fierté. Je ne voulais pas mettre le pied dans l'antichambre d'un ministre : « Je ne suis pas » faite, me disais-je, pour aller ramper; je ne veux » pas descendre de la hauteur où m'a placée le

» danger. Si j'ai mérité une récompense, qu'on me » l'accorde sans me la faire solliciter. »

» Eh bien ! M. le ministre de l'instruction publique m'envoya une nomination pleine de bienveillance, un trousseau complet, une bourse pour mon fils, cet enfant adoré pour qui j'avais courbé ma tête et flétri mes mains pour gagner la nourriture qui me permettait de l'embrasser tous les dimanches. Cet enfant, qui paraissait abandonné au hasard comme sa mère, est dans ce moment-ci élevé à Bourges avec l'élite de la classe des privilégiés.

» Mes pères, pour la première fois en parlant de ce bienfait, je ne me sens pas le cœur oppressé, et je me trouve heureuse de dire que j'en suis reconnaissante. »

(Un jeune homme demande la parole.)

Le père *Enfantin* : « Parle, mon fils. »

Le jeune homme : « Mon père, c'est le premier jour que je me trouve dans cette enceinte. Je ne saurais vous dire le plaisir que j'éprouve en ce moment. Je n'ai jamais rencontré que l'inquiétude sur la terre. Je ne pouvais jamais espérer de trouver une société aussi nombreuse où chacun fût aussi heureux de l'amour de tous les autres, et où on ne s'occupât que du bonheur de l'humanité. Je ne puis vous en dire davantage, j'ai besoin de vous voir en particulier, je vous dirai alors, mon père, qui je suis.

Le père ENFANTIN : « Je désire d'abord que tu voies le père Flachat.

» Le père *Flachat* indique les heures auxquelles on le trouve chez lui, et la séance est levée. »

Le dimanche suivant, l'ouvrier, Lemeure, autorisé par Rodrigues à reprendre la parole, s'exprima en ces termes :

« Mon père, il y a huit jours, dans cette enceinte, dans ce temple, j'éprouvai les plus vives émotions, surtout lorsque vous avez parlé des malheurs que Julie F... a soufferts. Vous m'avez rappelé les maux que j'ai éprouvés dans mon temps; car il m'en souvient de ces jours malheureux où j'allais mendier ma vie de maison en maison, couvert de haillons au sein de l'hiver. J'ai couché pendant cinq ans sur la paille au milieu des écuries : voilà pourtant comment l'humanité aujourd'hui se trouve. Je serais resté plus longtemps peut-être dans cet état; mais un homme généreux me racheta du sein de cette misère, me donna un état. Son nom est gravé dans mon cœur et ne s'en effacera jamais.

» Oui, vous tous qui m'entendez, vous voyez un mendiant qui vient révéler sa vie à la face de tous. Ma vie est dévouée à retracer les souffrances de la mendicité. Vous tous, bourgeois et oisifs qui vivez au sein de l'abondance et des plaisirs du monde, vos cœurs ne sont pas émus de tous ces malheurs qui planent autour de nous. Pourtant lorsque l'émeute vient, elle vous interrompt de vos plaisirs, de vos bals. Vous dites sans cesse : « C'est ennuyeux d'entendre toujours crier : *Vivre en travaillant ou mourir en combattant !* » Cela vous afflige ; mais que faites-vous pour calmer ces souffrances? Vos cœurs ne sont pas touchés à l'aspect de l'univers malheureux. Que faites-vous pour apaiser la faim? Rien. Votre égoïsme va jusqu'à calomnier les hommes qui sacrifient leur fortune et leur vie pour se livrer au pénible état de l'apostolat. On a entendu même du haut de la tribune les vieux suppôts de la voie rétrograde calomnier les saint-simoniens ; j'ai entendu ici avec peine un de mes frères parler de boue. Eh bien! mon père, si cette boue vous était adressée, je me glorifierais de la recevoir le premier, et j'y répondrais par un sourire d'amour. »

Le père *Olinde :* « C'est assez, Lemeure; tu viens de dire que tu avais mendié? »

Lemeure : « Oui, mon Père. »

Le père *Olinde :* « Saint-Simon aussi a mendié, Saint-Simon a été mendiant; c'est ainsi que quelques banquiers l'appelaient. Il y en a un qui se vantait à moi de lui avoir donné vingt francs. Vingt francs à Saint-Simon!.... Je tairai son nom parce qu'il se convertira.

» Mais quel usage Saint-Simon faisait-il de son argent? il le répandait aux savants.

» Il y a des hommes qui disent que je mendie aussi maintenant moi-même. Oui, je demande de l'argent, j'en demande aux riches pour les racheter tous de leurs dangers, de leur inquiétude, de leur peur; et cet argent, ils savent très-bien comment je l'emploierai : je l'ai écrit, je l'ai imprimé, je publierai les emplois que j'en ferai. Je suis par conséquent dans la position la plus belle où l'on ait jamais été pour demander de l'argent.

» Saint-simoniens, mon fils Flachat vous annonçait tout à l'heure une mission en Angleterre. Il a fixé votre attention, il a été écouté avec sympathie quand il a parlé de l'alliance qui allait s'établir par cette mission entre ce qu'il y a de plus généreux en Angleterre et ce qu'il y de plus généreux en France. L'Angleterre n'est plus notre mortelle ennemie; l'Angleterre a salué avec transport la révolution de Juillet; le drapeau relevé par cette révolution a été promené sur les côtes et dans la capitale de l'Angleterre. Le peuple anglais et le peuple français sont les deux peuples les plus civilisés du monde. C'est chez ces deux peuples que s'acccomplit la plus grande masse de travaux dans toute la direction intellectuelle et physique.....

» Ainsi, par l'alliance des deux peuples les plus civilisés du monde, commencera à se réaliser la prophétie du poëte populaire :

» Peuples, formez une sainte alliance,
Et donnez-vous la main. »

Ce même jour, 8 janvier, Retouret, chargé de la prédication, avait rappelé que le génie des découvertes, toujours méconnu à son apparition, n'avait triomphé, qu'après de longues luttes et de dures épreuves, du préjugé intolérant, de la routine envieuse, du scepticisme moqueur ou persécuteur.

« Un jour, s'était écrié le jeune prédicateur, lorsque à travers l'immensité des mers, Colomb, le pilote Génois, pressentait une terre nouvelle, et de son œil perçant plongeait au delà des horizons connus; un jour il fut lassé d'importuner l'Europe ! Il avait fatigué de sa requête, quêteur infatigable, il avait fatigué les rois et les républiques, les princes et les marchands, les seigneurs et les aventuriers. Les rues de toutes les villes de l'Europe le connaissaient, et les petits enfants disaient, le voyant passer, voici le Génois qui promet un monde pour un vaisseau ! un monde ! Et le sublime visionnaire ne trouvait pas qui voulût d'un monde pour un vaisseau ! Oh ! qui pourrait dire de quel magnifique dédain le pauvre pilote, dans le silence de son cœur, couvrait tous les dédaigneux de son temps ! Qui pourrait peindre le mépris que versait sa lèvre à tous les hommes qui le méprisaient ! quand sa tête brûlante de l'inspiration prophétique allait s'égarant dans les vertiges du désespoir.

» Europe, avare Europe, je pouvais te donner un monde, tu ne l'as pas voulu ! je vois tous tes enfants dévorés de misérables ambitions ! Ils s'épuisent de sang pour se disputer les lambeaux de quelques chétives proies ! Je voulais leur donner un monde ! un monde ! et ce mot dans sa tête éclatait. Il voyait, il voyait cette dernière vague qui pose mollement le vaisseau sur le sable doré ; il voyait ce rivage se mêlant aux flots et qui semble venir au-devant du voyageur fatigué de la mer ;

cette terre nouvelle sous un nouveau soleil; au loin s'arrondissent les montagnes, et se balancent les forêts, et s'épanchent les fleuves; des hommes inconnus, et des animaux étranges! Toutes les merveilles d'une végétation nouvelle, des richesses sans nom! Et le pilote revint, et son front s'enflammait, et son œil étincelait, fixe! Qui dira le lien mystérieux qui tenait ainsi toujours son regard invinciblement attaché à cette apparition lointaine, sans que rien pût le distraire de cette contemplation avide! Dieu; c'est Dieu. Si la puissance de Dieu se témoigne dans l'humanité d'une manière visible et qui frappe les plus incrédules, certes c'est alors qu'il met dans le cœur d'un homme une de ces pensées qui franchissent le temps et l'espace. Va, pilote, va, Dieu, c'est Dieu qui te tient; va, retourne aux seigneurs et aux aventuriers; Dieu t'ouvrira ces cœurs avares, et tu verras, ô pilote, la terre tant désirée!

» Toujours, quand Dieu place sur la tête d'un homme une grande entreprise, il lui donne aussi la force dont il a besoin pour accomplir sa mission.

» Il partit l'audacieux navigateur! mais sa tâche fut rude, et il fallut pour qu'il fût sauvé de la mort presqu'au terme de son voyage, il fallut que les fleurs de la terre déjà prochaine envoyassent leurs parfums rapides aux narines épaisses de ses farouches compagnons.

» Mais les hommes oublient facilement les hasards du passé, et le souvenir de l'injustice de leurs pères ne sauve pas toujours les enfants d'une folle et aveugle légèreté.

» Un homme est venu, qui a conçu quelque chose de plus grand que la découverte d'un nouveau monde.

» Car Saint-Simon a dit : « Je vous ferai un » univers nouveau, une humanité nouvelle.

» Tous les travaux des hommes jusqu'à moi ne » sont que des travaux préparatoires; je commence » l'œuvre définitive, qui est la pacification de l'uni- » vers et l'association de tous les hommes en une » seule famille.

» L'univers est troublé d'un pôle à l'autre par les » bruits de la guerre, et il est souillé de sang. Je » lui enseignerai les harmonies de la paix, et je » remplacerai d'un pôle à l'autre les souillures du » meurtre par les couleurs de la fécondité, la mort » par la vie. L'humanité est laide, pauvre, souf- » frante, je l'affranchirai de la pauvreté et de la « douleur, et je lui donnerai une beauté qu'elle ne » connaît pas. Je fonde la famille humaine, et j'en

» suis le père, non pas le maître ni le seigneur ;
» le père, et je serai un bon père pour tous mes en-
» fants. Je consolerai d'abord tous ceux qui souf-
» frent, et je délivrerai tous ceux qui sont oppri-
» més. La femme ne sera plus sous la puissance
» de l'homme, et elle ne s'appellera plus d'un nom
» qui marque l'homme : car elle est l'égale de
» l'homme, et elle a son nom comme l'homme. Et
» celui qui travaille ne sera plus soumis à celui qui
» ne travaille pas, car le travail est la loi de la fa-
» mille humaine, et celui qui accomplit la loi est
» saint. Je délivrerai donc la femme et le travail-
» leur. »

» Ah ! celui-là aussi, il a importuné l'Europe de sa prophétie, celui-là aussi il a fatigué les rois et les empereurs, les princes et les marchands; celui-là aussi, il a été raillé et méprisé, et il l'est encore dans les siens, poursuivis par l'insulte et le mépris.

» Mais je vous l'ai dit : le prophète est un grand railleur, et quand il retourne la tête pour regarder ses ennemis, il leur montre une face puissante et redoutable.

» Saint-Simon ! Saint-Simon! regarde qui sont ceux qui t'accusent! Avares et hypocrites, ils t'accusent de cupidité et de mensonge!

» Moi et les miens, dit Saint-Simon, nous vivons » au grand jour, et nous appelons la lumière sur » toutes nos actions ; ceux qui m'accusent peuvent- » ils dire comme moi qu'ils ne craignent pas le » soleil, et que leur conscience n'a pas de ténè- » bres ? Ils ont corrompu jusqu'à la sincérité de » leur propre conscience, et ils en sont venus jus- » qu'à se faire illusion à eux-mêmes sur leur hypo- » crisie. »

Ici encore, la raillerie et le mépris, que le vieux monde n'avait pas épargnés à Saint-Simon, allaient trouver, dans la persécution, un auxiliaire dont l'impuissance contre les idées progressives ne devait pas être moins saillante ni moins constatée que celle du dédain et de l'injure. *Le Globe* du 23 janvier publia ce qui suit :

« Poursuites dirigées contre *Notre Père suprême* Enfantin et contre Notre Père Olinde *Rodrigues.*

» Hier, à midi, notre Père suprême ENFANTIN et notre Père Olinde Rodrigues, chef du culte, se disposaient à se rendre à la salle Taitbout, où ils devaient présider la prédication et où tous leurs fils réunis les attendaient, lorsqu'un détachement de gardes-municipaux, conduit par un commissaire de police, s'est présenté rue Monsigny, nº 6, les a empêchés de sortir et a interdit toute communication de la maison avec l'extérieur, en vertu d'ordres dont le commissaire s'est déclaré nanti. Un instant après, ce détachement a été renforcé par un piquet de la 8e légion, 2e bataillon, de grenadiers de garde nationale, sous les ordres du capitaine Saint-Amand Cimtières, chef d'institution. Une compagnie de voltigeurs du 4e bataillon du 52e de ligne, commandée par deux capitaines d'état-major de la garde nationale, est bientôt survenue, et un escadron de hussards stationnait à peu de distance.

» Pendant ce temps, M. Desmortiers, procureur du roi, et M. Zangiacomi, juge d'instruction, assistés de deux commissaires de police et escortés de gardes municipaux et de troupes de ligne, se sont rendus à la salle Taitbout, où l'assemblée tout entière ignorait ce qui se passait. M. Desmortiers a signifié au prédicateur Barrault, qui se tenait dans le foyer, que la prédication ne pouvait avoir lieu, et qu'il venait enjoindre à la réunion de se dissoudre. Barrault, suivi des membres présents de la hiérarchie, s'est transporté avec les agents de l'autorité judiciaire dans la salle, où se trouvait une assemblée nombreuse, en partie composée de dames, dont l'aspect a paru beaucoup étonner M. le procureur du roi.

» Nous vous devons, a dit Barrault, explication
» du retard que nous avons apporté à la prédication
» d'aujourd'hui. Nous venons d'apprendre que notre
» Père ENFANTIN est cerné dans sa maison par
» des troupes et qu'il ne peut venir présider notre
» réunion. »

» A ce moment, il a été interrompu par M. Desmortiers, procureur du roi, qui a dit : au nom de la loi et de l'article 291 du Code pénal, je viens fermer cette salle et apposer les scellés sur toutes les issues. A ces mots une violente agitation s'est manifestée au sein de l'assemblée. Mais tous les saint-simoniens se sont aussitôt levés pour demander le silence, et lorsque le silence a été rétabli, Barrault a dit : « Nous vous prions de conserver
» le calme dont nous vous donnons l'exemple et
» de vous retirer tranquillement. Vous êtes accou-
» tumés à notre voix, vous l'aimez, elle ne vous
» manquera pas ici ou ailleurs. Vous venez cher-
» cher ici une parole de paix, montrez-vous paci-
» fiques. » La foule s'apaisant à sa voix, s'est alors écoulée dans le plus grand ordre, avec un calme religieux. Barrault lui-même est sorti, suivi de tous les saint-simoniens présents et d'une grande

foule, pour se rendre à la rue Monsigny, où le plus petit nombre seulement de ceux qui l'accompagnaient a pu pénétrer.

» Lorsque la salle a été évacuée, les agents du pouvoir ont rédigé leur procès-verbal, auquel a assisté Chabanier, directeur du contentieux, qui a fait toutes protestations et réserves contre ces mesures violentes.

» Les scellés ont ensuite été apposés à la salle Taitbout.

» Les agents de l'autorité judiciaire ne se sont rendus à la rue Monsigny, qu'à deux heures et demie. Pendant l'intervalle, divers saint-simoniens se mêlaient aux militaires dont la cour était remplie, s'entretenaient avec eux, leur distribuaient des brochures. Plusieurs de ces hommes, qui ne nous connaissaient nullement, étaient remplis contre nous de préventions qui se sont évanouies dans ces conférences entre-coupées.

» Lorsque MM. Zangiacomi et Desmortiers sont arrivés rue Monsigny, n° 6, ils ont trouvé le père ENFANTIN et le père RODRIGUES entourés de la famille. Ils ont refusé de donner connaissance du réquisitoire en vertu duquel ils opéraient. Ils ont seulement déclaré qu'ils étaient porteurs de deux mandats d'amener, dirigés l'un contre le père

ENFANTIN, l'autre contre le père Olinde Rodrigues, et qu'ils venaient procéder à des perquisitions.

» La famille saint-simonienne se tenait dans les trois pièces attenantes au salon; elle regardait, attentive et muette; toutefois M. Desmortiers a requis qu'elle se dispersât. Le père ENFANTIN et le père Rodrigues sont restés, assistés de M. Decourdemanche, avocat, au milieu des agents de justice et des officiers des détachements. Alors a commencé un interrogatoire dont nous reproduisons les traits principaux.

» Le père ENFANTIN a demandé qu'on lui donnât acte de sa promptitude à obtempérer à toutes les demandes de la justice; et puis, faisant allusion à une courte discussion qui avait eu lieu à la salle Taitbout entre les agents de l'autorité et l'un de ses fils, Chabanier, il a réclamé qu'il fût constaté que si, comme il a été dit au procès-verbal dressé à la salle Taitbout, un de ses enfants avait donné lieu à M. le juge d'instruction de se plaindre de sa parole, cette parole n'avait point été prononcée dans la salle Taitbout en présence du public, mais seulement lorsque la salle était déjà évacuée; ajoutant d'ailleurs qu'il remerciait personnellement M. le juge d'instruction, si réellement la parole de son fils avait été répréhensible, de l'avoir rappelé au calme que chaque jour il recommande à ses enfants.

» Et par-dessus tout, il a rendu grâce à ceux qui avaient cru devoir employer contre nous des moyens qui auront pour résultat de faire connaître, d'une manière plus éclatante, au monde, la LOYAUTÉ et la GRANDEUR de la misison que DIEU nous a donnée.

» Et lorsque M. le juge d'instruction a demandé à notre PÈRE SUPRÊME si, malgré la fermeture de la salle Taitbout, il se proposait encore de faire des enseignements publics, notre Père a répondu que, ne sachant point encore pour quel motif la salle Taitbout avait été fermée, il se bornait à affirmer que jamais sa volonté n'avait été plus ferme d'enseigner au monde notre foi; certain qu'il était de voir, dans peu de temps, le gouvernement lui-même reconnaître que cet enseignement était la plus haute garantie du maintien de l'ordre public.

» Notre père OLINDE RODRIGUES, chef du culte, a demandé qu'il fût donné acte du nombre des hommes armés, gardes nationales, troupes de ligne, garde municipale et cavalerie, qui avaient été employés ce jour, soit à la fermeture de la salle Taitbout, soit à cerner la maison de la rue Monsigny.

» Sur la réponse qui lui a été faite par M. le juge d'instruction, que la justice n'obtempérait pas à cette demande, il a ajouté qu'il l'avait faite uniquement dans le but de déclarer que les saint-simoniens étaient toujours prêts à livrer leurs actes et leur vie tout entière à l'examen de tous, et particulièrement à répondre aux demandes de la justice sur la *plus simple* réquisition.

» MM. Zangiacomi et Desmortiers ont ensuite procédé aux perquisitions; ils ont saisi la correspondance du père ENFANTIN et même ses lettres de famille; ils ont fait de même pour le père Rodrigues. Ils ont enlevé tous nos livres de comptabilité, tout, jusqu'à notre carnet d'échéances, nos titres de caisse, et les plus simples notes. Ils se sont emparés enfin de la correspondance du directeur du *Globe,* qui cependant n'est pas en cause.

» Dans tout le cours de l'interrogatoire, le juge d'instruction et surtout le procureur du roi se sont constamment refusés à indiquer aucun des chefs de l'accusation dirigés contre nos pères. Toutefois ils ont sursi à l'exécution du *mandat d'amener* jusqu'à aujourd'hui à midi, instant auquel le père ENFANTIN et le père Rodrigues auront à subir un interrogatoire chez le juge d'instruction.

» Nous devons déclarer que M. Zangiacomi, les

commissaires de police et les officiers des diverses troupes, ont usé dans cette circonstance de tous les procédés qui étaient compatibles avec la rigueur de leur mission. M. Zangiacomi a remercié Barrault de l'empressement efficace avec lequel il avait recommandé le calme à l'assemblée de la salle Taitbout.

» A cinq heures et demie, ces messieurs se sont retirés.

» Ainsi a commencé contre nous la persécution. Nous ne l'avons point provoquée, mais nous l'acceptons avec calme, persuadés que, grâce à nos efforts et grâce à l'appui de tous les hommes généreux, ces poursuites, que rien ne justifie, accéléreront la vitesse de la propagation de notre foi.

Le Globe ajoutait :

« Nous sommes assurés d'avance que tous les journaux libéraux n'hésiteront pas à prendre notre défense, et d'avance nous leur en offrons nos sincères remerciements. En nous défendant, non-seulement ils défendront la cause de la liberté de conscience, brutalement outragée en nous, mais ils défendront aussi en même temps celle de l'ordre ; car rien n'est plus opposé à l'ordre public que ces violences. Les amis de l'ordre doivent concerter leurs efforts pour garantir le gouvernement lui-même contre les conséquences de ses propres excès. Notre cause est celle de l'émancipation, mais elle est aussi celle de la stabilité; car nous ne voulons *rien* brusquement *détruire ;* mais nous voulons *tout* progressivement *transformer*.

» Puisse la manifestation dont la presse donnera le signal en notre faveur profiter à l'éducation du pouvoir ! Il est atteint de la manie de juger les doctrines. Qu'il voie cependant : ses jugements excitent une telle prévention qu'ils provoquent d'avance une protestation unanime ; ses arrêts sont d'avance frappés de réprobation. Il n'a pas qualité pour émettre les jugements qu'il proclame ; — qu'il s'abstienne donc de ce qui n'est pas selon sa capacité. Nous lui parlons d'ailleurs ici avec un absolu désintéressement, sans rancune et sans haine; car les poursuites qu'il vient d'entamer contre nous, avec un luxe de maladresse, nous seront d'une immense utilité. Il a fait ainsi pour nous ce qui eût été à peine le résultat de trois mois de discussions laborieuses, car qui consentirait à se faire contre nous l'écho d'imputations légères ou malveillantes, aujourd'hui que ce serait se mettre au diapason du parquet et de la police? Désormais on ne pourra plus parler de nous que sérieusement et en connaissance de cause, car, dans des plaisanteries dirigées contre nous, fussent-elles agréablement malicieuses, il y aurait autre chose encore que du mauvais goût. Mais nous bénissons la Providence qui a inspiré à l'autorité toutes les démarches le mieux combinées pour produire, en un jour, cet heureux effet, et nous remercions même les hommes qu'en cette circonstance elle a pris pour instruments; en cela, nous les traitons selon leurs œuvres. Toutefois les gouvernants sentiront bientôt qu'il y a deux manières de hâter le progrès, et par nous le progrès de la société : l'une directe et consciencieuse, l'autre indirecte et aveugle; et ils ont vraiment trop de sens pour ne pas préférer l'honorable tâche de l'homme éclairé, qui a conscience de lui-même, au rôle ingrat d'un instrument fatal. »

» M. C. »

Venait ensuite l'annonce de l'emprunt saint-simonien, accompagnée d'une lettre significative contre l'efficacité de la persécution.

« EMPRUNT SAINT-SIMONIEN.

» Pour mettre M. Périer à même de juger de l'étendue du service qu'il vient de nous rendre, bien à son insu, il est vrai; nous lui donnons communication d'un des témoignages de sympathie que nous a valus sa campagne de la salle Taitbout et de la rue Monsigny.

» *A M. O. Rodrigues, chef du culte saint-simonien, à Paris.*

» Paris, 22 janvier 1832, dix heures du soir.

» Je désirerais prendre quelques-unes de vos inscriptions de rente. Je viens d'être témoin des persécutions qu'on a dirigées contre vous, et je quadruple la demande que j'allais vous adresser.

» Veuillez me comprendre pour cent inscriptions de 50 fr. de rente chacune, soit la somme de *trente-cinq mille francs* en capital. Je m'occupe de vous verser cette somme, et je vous adresse toutes les garanties que vous pourriez désirer.

» Agréez, Monsieur, l'assurance de mon dévouement affectueux et de ma plus parfaite considération.

» Ed. LOUVOT-DEMARTINÉCOURT,

» Capitaine au corps royal d'état-major, en réforme, administrateur de mines. »

La famille saint-simonienne, précisément parce qu'elle ne redoutait pas la persécution, s'attendait, avec calme et résignation, à la voir se développer. L'émotion toutefois était grande dans son sein; tout le monde avait cru que les mandats d'amener, lancés contre les chefs, seraient convertis en mandats d'arrêt. L'appareil menaçant, dont la justice s'était entourée, autorisait cette appréhension.

Ainsi, les promoteurs du système de la paix à tout prix répondaient par des rigueurs judiciaires, accompagnées de déploiements militaires, aux déclarations absolument pacifiques de tous les organes du saint-simonisme. C'est que les gouvernants du jour n'étaient pas seulement les patrons de l'égoïsme national, et qu'ils tenaient à ménager et à satisfaire l'égoïsme individuel des privilégiés de la naissance ; c'est que ces maîtres du *pays légal* étaient aussi hostiles pour le moins aux nouveautés sociales qu'aux nouveautés politiques, et, de plus, trop habitués à préférer aveuglément la répression d'une émeute par les armes, à l'élaboration d'une idée ou à la conquête d'un progrès par la libre discussion, pour ne pas garder la plus profonde et la plus tenace de leurs frayeurs pour le saint-simonisme.

« Il y a huit jours, disait encore *le Globe* du 23 janvier, nous déplorions, à l'occasion de l'arrestation du rédacteur de l'*Opinion* et de l'imprimeur de *la Tribune*, l'aveuglement du pouvoir, et la faiblesse que son courroux contre la presse semblait révéler ; nous sommes à notre tour en butte à des poursuites dont nous ne pouvons encore apprécier les motifs.

» La marche rétrograde du gouvernement actuel ne s'effectue plus avec timidité ; il ne prend plus soin de dissimuler ses sympathies pour un système que repoussent également, et sa propre origine, et la tendance universelle des esprits en France, en Europe même. Au lieu de développer, non les principes abstraits du constitutionalisme, mais les éléments d'avenir, d'ordre, de travail, de prospérité, de force, que le pays le plus civilisé du monde renferme dans son sein; les gouvernants ne semblent préoccupés que de comprimer, que de froisser, que d'étouffer tout ce qui, dans sa sphère politique, s'écarte de ses habitudes *routinières*, dérange le petit *statu quo* que quelques esprits étroits avaient rêvé.

» Qu'ils rétrogradent donc, puisqu'un reflux les entraîne; mais qu'en retour des rigueurs dont ils nous menacent, ils reçoivent de nous un avis salutaire.

» Les enseignements *publics* de la religion saint-simonienne ont été commencés en 1828, rue Taranne; ils ont été continués, *toujours publiquement*, en 1829, rue Dauphine. Les prédications *publiques* ont eu lieu jusqu'à ce jour, *sans interruption*, depuis le mois d'avril 1830. Ainsi, en 1828, en 1829 et en 1830, sous le règne de Charles X, sous l'administration de MM. de Polignac et Peyronnet, l'article 291 n'a jamais été invoqué contre nous; il était réservé à l'administration du *libéral*

M. Casimir Périer, sous la royauté des barricades, d'exhumer ce despotique article contre la religion saint-simonienne; au mépris d'une possession de publicité de quatre années, au mépris des lois qui garantissent à chacun le libre exercice de son culte?

» Le pouvoir a donc franchi à notre égard des barrières que, dans ses derniers moments, la *légitimité* avait respectées; il s'est violemment reporté à l'arbitraire de 1816 et de 1817... Quand on est engagé dans une semblable voie, la pente est glissante!...

» Il y a une chose dont le pouvoir doit se persuader. Nous sommes amis de l'ordre, mais nous ne sommes pas des êtres passifs; s'il nous surveille, nous le savons; s'il nourrit contre nous des projets, les mystères ne sont pas tellement impénétrables que nous ne puissions les pénétrer jusqu'au fond. Nous avons des amis qui, ainsi que nous, ont des yeux pour voir et des oreilles pour entendre ce qui se passe autour de nous, et particulièrement ce qui se trame contre nous. Nous avons publié dernièrement la circulaire adressée, à notre occasion, par le maréchal Soult, à tous les chefs de corps. Aujourd'hui, voici une circulaire que M. Gisquet vient de faire parvenir à tous les commissaires de police de Paris, et toujours à notre propos, celle-ci a au moins le mérite de la modération.

M. Gisquet tient à être éclairé sur notre compte; nous nous en félicitons, car nous n'avons guère été attaqués jusqu'à présent que par des gens qui ignorent qui nous sommes. Il recommande à ses subordonnés de s'entourer de tous les documents; il ne pouvait rien leur ordonner qui nous fût plus agréable. Quand tout le monde nous connaîtra, tout le monde nous aimera et tout le monde voudra nous cultiver et nous pratiquer. Mais s'il se disait une fois pour toutes que nous le savons par cœur, il s'épargnerait à lui bien des fausses démarches, et il nous laisserait plus de loisir pour travailler au rétablissement de l'ordre, œuvre pour laquelle l'expérience de tous les jours doit lui faire sentir toute son insuffisance.

» Pendant que l'appareil militaire déployé contre nous, et qui formait un contraste si étrange avec notre caractère pacifique, cernait la maison de la rue Monsigny, plusieurs d'entre nous conversaient avec les troupes qui nous entouraient, et particulièrement avec les gardes nationaux. Parmi ces derniers, quelques-uns, réunis en groupe, répétaient à l'envi que les saint-simoniens étaient des perturbateurs, des ennemis de l'ordre; qu'on le leur avait dit, et qu'ils le croyaient, quoique à vrai dire ils ne nous connussent pas, car, disaient-ils, c'est la guerre de ceux qui n'ont pas contre ceux qui ont. Or leurs deux interlocuteurs étaient Henri Baud et Alexis Petit. « Vous vous adressez mal pour ex-» primer cette accusation, dit Baud; car moi qui » vous parle, je suis le fils unique d'un homme qui » possède une fortune considérable. — Et moi, » ajouta Alexis Petit, je suis tout aussi intéressé à » l'ordre que qui que ce soit d'entre vous; car je » suis le fils unique d'une mère qui possède qua-» rante mille francs de rente. » Ce langage a beaucoup surpris les gardes nationaux. En général, magistrats et militaires s'attendaient à nous trouver tout autres qu'ils nous ont vus, car il y a de par le monde des âmes charitables qui nous avaient fait, en maints lieux, une réputation parfaite d'agitateurs, de perturbateurs, de conspirateurs et de spoliateurs. M. Desmortiers lui-même a particulièrement été frappé de l'attitude resplendissante de calme et de dignité de notre PÈRE SUPRÊME, et de la haute franchise du père RODRIGUES; et, malgré la réserve et la raideur qu'il paraît croire indispensables à l'exercice de ses difficiles fonctions, il n'a pu s'empêcher de laisser percer ce sentiment dans les derniers mots qu'il leur a adressés....

» Les rigueurs dont nous sommes l'objet, dans la personne de notre PÈRE SUPRÊME et dans celle du père OLINDE RODRIGUES, nous ont d'ailleurs attiré de nombreux et vifs témoignages de sympathie. Plusieurs personnes qui déjà s'approchaient de nous sont venues pleines d'ardeur s'offrir tout entières au PÈRE SUPRÊME; d'autres qui nous étaient inconnues nous ont prodigué des assurances d'affection. Mais de toutes les émotions que nous avons éprouvées, la plus douce est celle que nous avons ressentie en voyant plusieurs des personnes qui avaient glorieusement porté avec nous la robe de l'apostolat, et qui, dans les derniers temps, se sont douloureusement séparées de nous, venir assurer à notre PÈRE SUPRÊME que, malgré des dissentiments graves, elles n'avaient pas cessé de nourrir pour lui un amour de fils, au fond de leurs entrailles [1]. »

1. Transon et Laurent s'étaient retirés depuis quinze jours quand la justice fit sa descente à main armée chez les saint-simoniens. Au premier bruit de ces événements, Laurent (Transon était à Versailles) accourut à l'hôtel de la rue Monsigny, qu'il trouva cerné et envahi. Pour y pénétrer, il fut obligé d'invoquer son titre de locataire principal de l'hôtel. Quand il entra chez Enfantin, celui-ci lui dit : « J'étais sûr que je vous reverrais en cette circonstance. » — A quoi, Laurent répondit : « Et moi, j'étais sûr que vous m'attendiez. Mais avouez que ce gouvernement vous sert bien selon sa capacité. » On était alors en train de procéder à la saisie des papiers d'Enfantin. Laurent apprit six mois après, loin de Paris et par les journaux, que son nom avait figuré dans le réquisitoire de M. le procureur du roi.

La procédure marcha vite. *Le Globe* du 24 contenait ce qui suit :

« Les poursuites commencées contre nous, dimanche, ont pris dès hier un caractère tout nouveau dans les fastes judiciaires. Il y a autour de notre PÈRE SUPRÊME une atmosphère de calme et de dignité qui saisit et pénètre tout ce qui l'approche [1]. Hier lundi les égards des magistrats en-

1. « Qu'entendez-vous par la loi vivante? » demandait avant-hier à notre père Enfantin, dans une conversation particulière, une personne qui nous connaissait encore peu, nous et nos principes. — « Hier, lui répondit le PÈRE SUPRÊME, quand ma liberté était menacée, quand ma maison était cernée par les baïonnettes, vous étiez au salon : vous avez vu tous mes enfants se presser autour *de moi*, et venir chercher *en moi* une force nouvelle qui les élevât au-dessus des circonstances présentes : toute la LOI VIVANTE est là. » Ce peu de paroles vaut mieux que les articles que nous avons faits contre le mot *sujets* de M. de Montalivet, et la *loi vivante* de M. Barthe. Et, en effet, j'aurais voulu que les ministres de la couronne se trouvassent chez nous le jour où une manière de persécution venait nous trouver, armée de pied en cap, sous l'habit du soldat citoyen, la moustache du fantassin et le casque du cavalier : j'aurais voulu que, placés dans un coin en muets observateurs, ils fissent leur profit de l'aspect vivant que présentaient nos salons. Ce n'était point de vaines bravades dans les bouches, de fougueux courroux sur les visages, des éclairs menaçants dans les yeux ; mais des paroles d'amour, mais des protestations de foi, mais des serrements de mains qui voulaient dire : « Je suis prêt »; et si quelque irritation du moment se montra d'abord dans quelques têtes plus jeunes et plus ardentes, elle fit bientôt place à la dignité qui convient à des hommes religieux, forts de leur conscience, pleins de foi dans l'avenir qui leur a été promis. »

(*Extrait du* Globe *du 25 janvier.*)

vers sa personne et envers celle de notre père Olinde Rodrigues, dont le moindre geste porte l'empreinte d'une éclatante loyauté, ont été dignes de toute notre reconnaissance.

» Les personnes qui nous haïssent gratuitement sans nous avoir jamais vus, ni entendus, ni lus, et elles sont encore en grand nombre, dans les projets hostiles qu'elles ont pu former contre nous ou qu'elles ont tenté d'inspirer à un gouvernement prévenu contre toute innovation, n'ont pas fait entrer en ligne de compte, parmi les éléments qui s'opposeraient à leurs desseins, cette haute influence morale que répandent autour d'eux des hommes religieux, ayant conscience que les destinées de l'humanité leur ont été confiées. Habituées à passer leur vie au milieu d'êtres qui végètent au jour le jour, sans mémoire de la veille, sans conscience du lendemain, elles ne savent pas ce que peuvent être des hommes qui sentent leur vie liée à tout ce qui les entoure, dans l'*espace* comme dans le *temps*, qui se sentent à la fois unis à un passé douloureux et à un brillant avenir. Elles ne conçoivent pas surtout ce que peut être l'homme qui seul, parmi tous ces hommes, est sans supérieur, a des fils, mais n'a ni père, ni frère, et porte en son cœur la responsabilité immense de l'œuvre de régénération et de progrès.

» Elles ignorent, ces personnes, qu'un tel homme a le don de commander un religieux respect, non-seulement à ceux qui l'entourent, mais de proche en proche et progressivement, par une sorte de communication électrique, à tous ceux qui s'occupent de lui et prononcent son nom.

» Elles ignorent que des apôtres de paix fortement enlacés au sein d'une association douce et féconde, qui comme nous ne sont étrangers à aucun des mystères des arts, de l'industrie et de la science, ont un fil conducteur qui les rattache à tous les cœurs généreux, et qu'ainsi partout ils ont, souvent à leur insu, de chauds amis, d'éloquents interprètes; car les cœurs généreux ont accès partout.

» Les hommes qui sont tels vis-à-vis de nous n'ont pas conscience de l'ascendant de plus en plus irrésistible qu'ont puissance d'exercer, même à distance, des hommes religieux, en qui sont vivants le vœu de l'association universelle et le sentiment qui réhabilite, en les réglant, tous les besoins de l'humanité, toutes les natures diverses. Nous qui en avons conscience intime, nous sommes aujourd'hui portés à croire que la conclusion de l'instruction commencée contre nous ne se fera pas attendre, et qu'elle ne sera pas une déclaration de guerre contre notre apostolat.

M. C.

» Notre PÈRE SUPRÊME et le père Olinde Rodrigues se sont rendus hier à midi chez M. le juge d'instruction.

» Voici les demandes qui leur ont été successivement adressées. Nous les reproduisons aussi fidèlement qu'il nous est possible de nous les rappeler.

» *A notre* PÈRE SUPRÊME,

» *Demande :* Avez-vous convoqué ou présidé des réunions dans lesquelles il ait été question de sujets politiques ou religieux?

» *Réponse :* Oui.

» *D.* Avez-vous autorisé, en qualité de chef suprême de la religion saint-simonienne, M. Olinde Rodrigues à faire signer des procurations desquelles résulte une société en nom collectif, et par lesquelles les signataires s'engagent à lui confier la gestion et l'administration de leurs biens!

» *R.* Pour toutes les questions relatives aux intérêts *financiers et industriels* de la religion saint-simonienne, je désire qu'elles soient adressées à Olinde Rodrigues, chef de notre culte, qui, conformément à la division de travail qui existe dans notre sein, est spécialement chargé de ces intérêts.

» Toutefois j'ajoute, quant à la procuration dont il m'est parlé, que mon intention a été de la faire rédiger dans des termes tels que Me Nolleval, qui a été chargé de la recevoir, pût dire, comme il l'a dit en effet, à tous MES ENFANTS, en la leur faisant signer, que « cette procuration était plus large que toutes celles qui dans le monde pourraient être données même à un PÈRE. »

» *D.* Avez-vous organisé des associations d'ouvriers, dans le but de changer l'ordre établi?

» *R.* Le chef du *culte* répondra sur l'organisation des associations d'ouvriers, et donnera tous les détails que la justice demandera. Quant au but *politique* que nous nous proposons depuis cinq ans, nos doctrines sont assez prêchées, enseignées et publiées sous toutes les formes, pour que je puisse renvoyer à nos œuvres.

» *Au père* Olinde Rodrigues, *chef du culte.*

» *D.* Reconnaissez-vous que vous vous réunissez au nombre de plus de vingt personnes, à des époques fixes, à la salle Taitbout, pour y traiter de matières politiques ou religieuses, sans l'agrément de l'autorité?

» *R.* Oui ; mais on ne peut admettre que nos réunions n'aient été au moins tolérées par le gouvernement, car elles sont publiques depuis 1828. Je repousse d'ailleurs complétement l'application de l'art. 291 du Code pénal, puisque nous sommes une religion, et je ne connais aucune autorité compétente à prononcer si nous méritons ce titre.

» *D.* Vous avez émis des rentes sans justifier des garanties nécessaires au payement?

» *R.* J'offre chaque jour d'établir ces garanties par les apports qui sont faits par les saint-simoniens et par les personnes qui nous aiment ; d'ailleurs la publicité absolue donnée à nos opérations financières est une seconde garantie non moins importante que la première.

» *D.* Mais ces émissions semblent comporter le délit de manœuvres frauduleuses prévu par l'art. 105 du Code pénal?

» *R.* Je ne connais aucune opération financière faite par quelque gouvernement que ce soit, qui ne présentât à un bien plus haut degré que la nôtre ce caractère d'immoralité dont on prétend nous flétrir, s'il était vrai que la nôtre ne fût pas morale.

» *D.* Quel but poursuivez-vous par vos associations et vos réunions d'ouvriers?

» *R.* Améliorer de la manière la plus prompte le

sort moral, physique et intellectuel de la classe la plus pauvre et la plus nombreuse, en lui imprimant le sentiment bien profond que toutes les classes de la société s'empresseront de joindre leurs efforts aux nôtres du jour où la classe ouvrière aura bien manifestement, sous notre inspiration, renoncé à toute tentative de trouble ou de désordre.

» *D.* Il paraît que, dans quelques-unes de ces réunions, il y a eu appel fait à la classe ouvrière pour renverser l'ordre établi et détruire le système de propriété, base de l'ordre social?

» *R.* Je nie que sous l'autorité des chefs saint-simoniens, il ait jamais été fait et qu'il se soit jamais fait appel à une classe quelconque de la société pour *détruire* et *renverser* l'ordre et le système quelconques établis parmi les hommes non saint-simoniens. Bien au contraire, j'ai déclaré, au nom du PÈRE SUPRÊME, que je regarderais toute tentative de violence comme l'acte le plus nuisible au succès de notre doctrine. »

» A la suite de l'interrogatoire, le juge d'instruction a fait rendre leurs papiers à notre PÈRE SUPRÊME et au père OLINDE RODRIGUES. Nous avons lieu de croire que demain la correspondance du *Globe*, dont le directeur d'ailleurs n'est pas en cause, nous sera rendue. D'après la tournure générale qu'ont présentée les deux interrogatoires, et d'après la manière dont les papiers ont été restitués, sans même qu'on les ait sérieusement examinés, nous serions tenté de croire aujourd'hui que le ministère n'a pas l'intention de donner un caractère de gravité aux poursuites entamées contre nous. »

Cependant *la Gazette des Tribunaux* présenta tout autrement le résultat de l'interrogatoire. Cette feuille prétendit que des faits d'escroquerie avaient été articulés contre les chefs du saint-simonisme. Le journal d'Armand Carrel, *le National*, s'indigna d'une pareille imputation, et publia l'interrogatoire en le faisant précéder des réflexions suivantes :

« Voici l'interrogatoire fort curieux qu'on a fait subir à MM. Enfantin et Olinde Rodrigues, chefs de la religion saint-simonienne. Comme on paraît avoir cherché à donner à cette accusation le caractère d'une ignoble escroquerie, il est de notre devoir de déclarer que nous avons connu longtemps, dans la cause de l'opposition libérale, les deux hommes dont il s'agit, et qu'une telle accusation, intentée contre eux, ne mériterait que le mépris. Visionnaires, ou non, MM. Enfantin et Olinde Rodrigues sont, avant tout, des hommes probes. Il n'y a qu'une conviction sincère qui ait pu les entraîner dans les doctrines sociales qu'ils professent; s'il leur eût convenu d'appliquer à la carrière de l'ambition l'incontestable capacité qu'ils possèdent l'un et l'autre, ils avaient tous les moyens de se satisfaire. L'interrogatoire que nous donnons est d'une futilité bien ridicule après les scènes violentes de la police au domicile des inculpés. »

Un prédicateur saint-simonien, Baud, repoussa vivement aussi les allégations de *la Gazette des Tribunaux*, dans une lettre adressée au *rédacteur en chef* de cette feuille; lettre publiée dans *le Globe* et dont nous ne citerons que ce paragraphe :

« Rien dans l'interrogatoire n'a eu trait à *plusieurs délits d'escroquerie* dont vous parlez tant; il a seulement été question, en fait d'opérations financières, des rentes saint-simoniennes, que notre père *Olinde Rodrigues* a émises au nom de notre PÈRE SUPRÊME. On a parlé alors du *crédit imaginaire* dont nous aurions leurré nos prêteurs. Sur ce point du *crédit imaginaire*, mon frère I. Péreire a donné, dans *le Globe* d'aujourd'hui, au ministère public, des explications qui lui éviteront probablement l'embarras d'une polémique où il n'aurait pas l'avantage. Je vous engage à en prendre connaissance, car vous êtes légistes, et les idées les plus avancées en économie politique ne sauraient être un hors-d'œuvre pour vous. »

Nous reproduisons ici en entier l'article remarquable d'Isaac Péreire :

« LES CRÉDITS IMAGINAIRES.

» L'un des motifs qui ont servi de prétexte à l'acte arbitraire dont nous avons été victimes hier de la part du pouvoir, c'est, ainsi qu'il résulte de l'interrogatoire de notre père *Olinde Rodrigues*, l'émission de nos rentes sur un crédit qu'on qualifie d'*imaginaire*. Comme nous pouvons avouer tous nos actes, et comme il faut enfin mettre un terme à ces odieuses calomnies, portées dans des feuilles sans consistance par des *anonymes* complaisants, contre des hommes habitués dès longtemps à l'estime et à la considération générales, nous commençons nous-mêmes, sous un point de vue *théorique*, une instruction que nous porterons, quand on voudra, sur un terrain pratique. Nous saisissons d'ailleurs avec d'autant plus d'empressement l'occasion de discuter la question des *crédits imaginaires* que cela nous amène tout naturellement à envisager l'amortissement sous son véritable jour. Nos observations ne seront peut-être pas sans influence sur la décision que portera la Chambre des députés sur cette institution.

» Mais d'abord examinons de nouveau notre système financier, les garanties que nous avons présentées, les promesses que nous avons faites, et comparons cette marche à celle suivie jusqu'ici par les divers gouvernements.

» Jusqu'à présent tous les gouvernements, en émettant des rentes, se sont engagés à rembourser le capital dans un temps déterminé. Or, si nous consultons toutes les annales financières, nous verrons que l'*amortissement* n'a jamais rien *amorti*, car les sommes empruntées ont toujours dépassé considérablement les sommes remboursées; de telle sorte qu'on serait fondé à affirmer que l'amortissement n'a jamais été qu'une pure *jonglerie*, bonne pour aveugler quelques esprits crédules, afin d'appeler une confiance qui n'eût pas été accordée sans cela; on serait fondé à affirmer que, sauf les erreurs de quelques hommes d'une probité reconnue, il n'a été entre les mains de tous les financiers qu'un instrument de dissimulation, employé pour obtenir, à de bonnes conditions, une plus grande quantité de capitaux.

» Pour nous qui annonçons la fin de la *lutte* et de *l'exploitation* sous toutes les formes, sous celle de la *violence* comme sous celle de la *fraude* et de la *ruse*, nous avons renoncé à cette fiction de l'amortissement, bien que nous nous soyons ainsi créé au premier abord quelques obstacles.

» Il est évident que l'amortissement doit être rangé dans la catégorie des *crédits imaginaires*. Or le gouvernement, qui se montre si scrupuleux sur nos opérations financières, ferait bien d'imiter l'exemple de franchise et de loyauté que nous lui donnons, en supprimant le moyen indirect dont il s'est servi jusqu'ici, involontairement peut-être. La chose lui serait d'autant plus facile qu'il ne peut plus alléguer le prétexte de la nécessité d'élever un crédit naissant. Cet argument, avancé il y a quelques années par M. Delaborde pour excuser l'existence *temporaire* de cette institution, en même temps qu'il la flétrissait sévèrement, n'a plus de valeur aujourd'hui que tant de voix éloquentes s'élèvent pour écarter ce leurre financier. La persistance du gouvernement dans cette voie, indépendamment de ce qu'elle le rendrait incompétent à l'égard de toutes les questions de *crédits imaginaires*, priverait encore la classe la plus pauvre, c'est-à-dire l'immense majorité, des soulagements qu'on pourrait apporter à sa position en dégrevant le budget de la dépense de 87 millions.

» Maintenant que nous avons prouvé que les gouvernements n'ont jamais tenu cette partie de leurs promesses qui concerne le remboursement des capitaux empruntés, passons à l'examen des garanties que nous offrons, comparées à celles qui sont présentées par tous les gouvernements.

» Comme nous, ils promettent de payer une certaine somme de rentes; mais ces rentes sont hypothéquées sur les revenus qui proviennent de l'impôt, dont la perception est appuyée par une armée de douaniers et de garnisaires. Toutes ces recettes, et particulièrement celles qui proviennent de l'impôt indirect, sont variables; elles dépendent de l'état de prospérité ou de détresse des travailleurs. Lorsqu'elles sont abondantes, les rentes s'élèvent, parce qu'on est sûr du payement des intérêts; lorsqu'elles se font difficilement, les rentes baissent, parce que l'on conçoit des doutes sur le payement des semestres. Les nombreux exemples, qu'ont fournis les gouvernements de la suspension du payement des intérêts, indiquent assez qu'il n'est au pouvoir de personne, avec la meilleure foi du monde, de donner à ses créanciers une certitude *matérielle absolue*.

» Nous n'avons parlé que des obstacles matériels, nous aurions trop d'avantages si nous parlions de la mauvaise foi de certains emprunteurs ou des révolutions politiques : l'Espagne, la Colombie, le Mexique, la république d'Haïti, ont laissé des traces qui ne sont point encore effacées.

» En ouvrant notre emprunt, nous avons, comme tous les gouvernements, assigné nos revenus comme garantie du payement des intérêts; mais il y a cette différence entre eux et nous, c'est que nos revenus sont basés sur les dons volontaires d'un nombre toujours croissant d'hommes RELIGIEUX dont le bonheur est de sentir leur vie toujours de plus en plus liée à l'œuvre sainte que nous accomplissons, dont la gloire est de venir y consacrer tous les biens dont ils peuvent disposer; tandis qu'en dehors de nous on est obligé d'employer souvent la force pour la perception des contributions sur lesquelles les rentes sont hypothéquées.

» Le nouveau mode de contributions que nous pratiquons peut paraître chanceux à quelques-uns; mais nous pouvons offrir à tous, par l'exemple du passé, un grand élément de certitude, une bien forte preuve de la puissance qui est en nous.

» Depuis quinze mois environ que nos travaux ont pris une grande extension, les dons volontaires se sont constamment élevés en proportion de l'accroissement de nos besoins. Or, si nous sommes parvenus jusqu'ici à satisfaire par nous-mêmes à toutes nos dépenses, il nous serait bien facile aujourd'hui de payer les intérêts des sommes que nous demandons à l'emprunt, afin d'atteindre plus rapidement le but de nos efforts, à savoir, la conciliation de tous les partis, de toutes les classes, de tous les peuples. Nous en avons une certitude tellement complète que tous nous avons réclamé l'honneur de la solidarité pour les engagements de la société saint-simonienne. La procuration absolue que nous avons donnée à notre Père *Olinde*, laquelle fait l'objet des doutes d'un monde qui ne nous comprend pas, est son plus beau titre de gloire; car nul homme n'a jamais inspiré une confiance semblable. Ce fait mérite bien de sérieuses réflexions.

» I. PÉREIRE. »

La malveillance n'en continua pas moins à propager les bruits les plus injurieux contre les saint-simoniens. Après l'escroquerie vint la captation frauduleuse, et des feuilles parisiennes accueillirent dans leurs colonnes ces indignes imputations. *Le Sténographe*, entre autres, parla de plaintes déposées au parquet par des pères de famille que l'auteur de l'article, M. E. C. disait connaître *personnellement*. *Le Globe* répondit que M. E. C. n'avait qu'un moyen de prouver qu'il n'était pas *un calomniateur*, c'était de *nommer ces pères de famille*, signaler ces *captations*, ou de reconnaître publiquement son erreur. M. E. C. répliqua par une lettre qui renfermait ce défi : « Je trouve votre expression personnellement offensante; je vous en demande raison les armes à la main. »

Le rédacteur du *Sténographe* oubliait qu'un an auparavant des apôtres du saint-simonisme, Bazard en tête, avaient eu le courage de braver, non pas les peines disciplinaires, mais les moqueries philosophiques, pour refuser, à titre de ministres d'une religion nouvelle, le service de gardes nationaux. Il était bien évident que ce titre qu'ils n'avaient pas répudié, tant s'en faut, ne leur rendrait pas le duel plus acceptable que leur présence au corps-de-garde. Aussi, le signataire de l'article du *Globe* s'empressa-t-il de riposter par la lettre suivante :

« Monsieur,

» Ma qualité de saint-simonien ne me permet pas d'accepter le duel que vous me proposez.

» Le débat qui s'est élevé entre nous est du reste

bien simple, toute solution violente n'y changerait rien.

» Vous avez avancé que vous connaissiez personnellement des plaintes en *captation* portées contre nos chefs par des pères de famille. Vous pouvez avoir été induit en erreur, j'aime à le croire ; dans ce cas, il est du devoir d'un homme d'honneur de le reconnaître. Si vous persistez dans votre dire, je vous invite à produire les faits sur lesquels vous avez établi contre nous une accusation aussi grave.

» Je suis intimement convaincu que vous ne trouverez aucun fait de cette nature, par conséquent je pense que vous vous croirez engagé à rendre hommage à la vérité, et je vous répète ce que je vous ai dit dans mon article d'hier : je serais heureux de déclarer que vous ne méritez rien moins que le titre dont j'ai qualifié l'auteur d'une imputation non justifiée.

» Si d'ailleurs vous désirez vous entretenir avec moi, je suis complétement à votre disposition. »

Le Sténographe, le soir même, désigna comme plaignants : MM. d'Eichthal, Robinet père, Demay père.

Le Globe répondit le lendemain matin en ces termes :

« Monsieur,

» Dans votre numéro de ce soir vous affirmez, en réponse à mon article, que des lettres et des plaintes ont été déposées au parquet de M. le procureur du roi par :

» M. d'Eichthal, banquier, place des Victoires ;

» M. Robinet père, dont le fils a exercé la profession de notaire à Meaux ;

» M. Demay père, fabricant, rue de Charonne.

» Vous auriez pu citer d'autres noms, ajoutez-vous, mais par égard pour le repos des familles, vous les passez sous silence.

» Ma réponse sera courte.

» M. d'Eichthal père n'a adressé au procureur du roi aucune lettre ou plainte quelconque. Je sors à l'instant même de chez M. d'Eichthal, qui demeure depuis un an rue Lepelletier, n° 14. Je parle donc en toute connaissance de cause en ce qui le concerne.

» M. Robinet avait en effet exercé la profession de notaire à Meaux, mais depuis longtemps il avait perdu son père. S'il existe, comme vous le dites, une plainte déposée à son sujet au parquet de M. le procureur du roi, fait que nous ignorons, elle provient, non d'un père, mais de quelque collatéral, et nous attendrons que le ministère public veuille bien nous faire connaître l'importance qu'il attache à une pareille accusation. Il serait inconcevable d'ailleurs qu'un *notaire*, âgé de près de quarante ans, fût assimilé à un *mineur capté*. Quand à M. Demay père, fabricant, rue de Charonne, ce nom nous est tout à fait *inconnu*.

» Maintenant, monsieur, je vous laisse à juger à vous-même si les faits que vous venez d'avancer sont calomnieux ou non. Je voudrais que tous les journaux qui se sont permis de parler légèrement des chefs de la religion saint-simonienne voulussent bien, comme vous, au lieu de se borner à des *on dit;* citer les faits qu'ils ont à nous reprocher. Tous les indignes bruits complaisamment répandus sur notre compte ne tarderaient pas à s'évanouir.

» Je vous ferai observer encore qu'il n'a été nullement question de *captation* ou de *suggestion* dans les interrogatoires subis par notre Père Suprême Enfantin et par notre Père Olinde Rodrigues, chef du culte saint-simonien. Avant de terminer cette lettre, je dirai un mot sur votre cartel.

» Il y a un mois environ que le directeur du *Globe* a repoussé publiquement une provocation de ce genre, comme contraire à nos principes religieux, et même à ceux des hommes qui en dehors de nous sont le plus avancés. Il y a peu de mérite à renouveler de semblables propositions, lorsqu'on sait d'avance qu'elles ne seront pas acceptées. Soyez sûr, monsieur, qu'un *lâche* ne serait pas à son aise dans les rangs saint-simoniens, et il faut un grand courage, une foi bien vive, pour résister avec calme au débordement des calomnies dont *le Constitutionnel* a donné le signal contre nous. Un coup d'épée, du reste, n'aurait pas donné de la vérité aux faits que vous avez allégués. Il est possible, monsieur, que vous ayez été induit en erreur; je désirerais sincèrement qu'il en fût ainsi, et j'ai même d'assez bonnes raisons pour le croire. Vous avez alors un devoir sacré à remplir, un grand exemple de courage à donner, c'est d'oser le reconnaître dans les colonnes de votre journal. Dans tous les cas, je réclame l'insertion de cette lettre dans votre plus prochain numéro.

» I. Péreire. »

Un journal ministériel, *la France nouvelle*, avait tenu à peu près le même langage que *le Sténographe* : « On nous assure, avait-il dit, qu'ils (les saint-simoniens) sont accusés ou prévenus de *plusieurs escroqueries*, et que d'autres chefs d'accusation pèsent également sur eux. »

Le Globe s'empressa de répondre.

« En vérité, pour un journal du ministère, voilà des formes bien dubitatives : *Cette mesure paraît avoir été exécutée... On nous assure*, etc. Comment se fait-il que M. ***, qui est si bien avec les ministres, n'ait point obtenu de leur part des renseignements plus précis? Il doit à coup sûr leur en vouloir de cette réticence, car elle le place à notre égard dans une situation qui doit lui être pénible. On *vous assure* que nous sommes des *escrocs;* et vous n'hésitez pas à le répéter ! Permettez-nous, monsieur, de vous donner un conseil. C'est un triste métier que de se faire l'écho bénévole, l'interprète officieux de la calomnie. Quand on se mêle de calomnie, on devrait au moins la faire à son compte. Si vous savez des faits, osez les articuler, et nommez-vous sans vous retrancher derrière une trop commode particule. Si vous ne savez rien, gardez le silence.

» AD. GUÉROULT. »

Les journaux de l'opposition libérale, à Paris et dans les départements, furent du reste unanimes pour blâmer les poursuites dirigées contre la société saint-simonienne. *La Tribune*, dans laquelle Armand Marrast avait entrepris une critique sérieuse de la nouvelle doctrine, cessa la discussion, et inséra la lettre suivante qui lui avait été adressée par un écrivain hostile au saint-simonisme : « Monsieur le rédacteur, j'avais publiquement annoncé l'intention de faire paraître incessamment une réfutation des doctrines saint-simoniennes. Aujourd'hui que la troupe de ligne et la garde municipale [1] s'en chargent, je pense qu'il y aurait lâcheté

1. La persécution valut aux disciples de Saint-Simon de nombreux témoignages de sympathie. Nous citerons entre autres ces quelques lignes extraites d'une lettre publiée par *le Globe :*

« Monsieur,

» Appelé à donner mes soins à Saint-Simon lors de son suicide, j'ai continué à être son médecin jusqu'à sa mort. Convaincu du génie de cet homme et de la célébrité qu'il devait acquérir un jour, je songeai à conserver pour moi-même sa physionomie, et mon crayon fut assez heureux pour la reproduire, quelques instants après sa mort, avec une grande vérité d'expression. Ce dessin fut tracé en présence de MM. Rodrigues, Bailly, et de plusieurs autres disciples de cet homme célèbre, qui restèrent frappés de la ressemblance. Je fus plusieurs fois sollicité de faire graver ou lithographier cette tête, et je m'y refusai sans trop me rendre raison du motif qui me dirigeait; cependant, je prêtai mon dessin à M. Bra, qui n'avait jamais vu Saint-Simon, afin de l'aider dans la composition de son buste.

» Aujourd'hui que le moment de la persécution est arrivé, et que les regards du monde entier vont se tourner vers les disciples, j'ai pensé qu'il serait d'un grand intérêt de livrer à la contemplation du public l'image du maître.....

» SARLANDIÈRE. »

de ma part à me faire leur auxiliaire, et je vous prie d'annoncer que ma brochure ne paraîtra pas.

» Charles GARBÉ. »

Le Figaro lui-même publia ces lignes :

« Aujourd'hui nous ne sommes plus adversaires des saint-simoniens aux prises avec les mesures illégales de l'autorité. Et toute cette portion de sarcasme que nous leur destinions va retomber sur un pouvoir qui n'a d'énergie que contre les citoyens et leurs libertés. »

L'attitude du journalisme doctrinaire et de la presse légitimiste contrastait d'une manière remarquable avec celle des feuilles démocratiques. *Le Journal des Débats* publia qu'Enfantin et Rodrigues étaient toujours sous le coup de mandats de dépôt, et *la Gazette de France* s'empressa d'accueillir et de répéter cette fausse nouvelle. *Le Globe*, dénonçant cette inexactitude, ajouta : « Tout ceci est bien petit..... Au sujet de toutes les ignobles attaques portées contre nous, voici un rapprochement assez plaisant. Les rabbins juifs ont formellement, dans le *Talmud*, accusé Jésus-Christ d'être un *voleur*. »

La correspondance des départements, publiée par *le Globe*, atteste que toutes les églises saint-simoniennes de France, loin de se montrer affligées ou intimidées par la persécution, l'avaient saluée avec courage et avec espoir.

Nous donnons ici quelques extraits, fort succincts, des adresses qui parvinrent alors au chef suprême, dès divers points du territoire.

« Metz, 25 janvier.

« Cher père, nous avons cru cette circonstance favorable pour vous réitérer, en notre nom et au nom de l'église que vous avez confiée à notre direction, l'assurance du dévouement complet de tous vos fils de Metz. Ordonnez, nous vous le répétons, tous nous sommes à vous *tout entiers*. Félix Tourneux, Devoluez, *chefs de l'église de Metz.* »

« Mulhouse, 27 janvier.

» Mon père, nous sommes calmes sur le résultat à intervenir; nous y voyons une immense occasion de progrès pour notre foi et un nouveau motif pour vous entourer de tout notre amour et d'une obéissance sans réserve..... Vos fils, mon père, se sentent tous les jours plus aimants, plus reconnaissants et plus forts. Simon. »

« Au père suprême. — Dans ce moment, je sens le besoin de vous exprimer tout mon amour.

Et si un événement pouvait avoir puissance pour hâter mon adhésion entière, c'est bien la persécution à laquelle vous êtes en butte, et que tous vos enfants voudront partager avec vous. CURIE, *chef de l'église de Mulhouse.* »

« Lyon, 24 janvier.

« Au directeur du *Globe.* — Cher père, nous avons appris hier par votre lettre et par *le Globe* la brutale persécution dont nos pères Enfantin et Olinde Rodrigues viennent d'être l'objet..... Les liens qui nous unissaient à notre PÈRE SUPRÊME et à vous tous se sont dans cette circonstance fortement resserrés. Notre poitrine s'est gonflée de l'enthousiasme le plus sublime. Notre tête est haute, et notre cœur s'épanouit aux rayons d'une foi plus ardente et des espérances les plus douces. Aussi continuons-nous l'œuvre qui nous a été confiée avec plus de fermeté, de calme et d'espoir de gloire que jamais. MASSOL, RIBES, *chefs de l'église de Lyon.* »

« Bordeaux, 26 janvier.

» Au directeur du *Globe.* — Mon cher Chevalier, le baptême de la persécution vous manquait. J'ai la foi que vous grandirez, et que le procès qu'on vous intente est le précurseur d'un grand progrès pour vous et pour le monde qui va se trouver saisi de vos doctrines. Force sera bien de les connaître pour les juger...... Mon regret est que, dans cette circonstance, je ne puisse offrir au public pour garantie de votre moralité, de votre désintéressement et de votre amour pour l'ordre, ni nom, ni fortune, ni naissance illustre. P. Régy, *élève de l'École polytechnique, ingénieur des ponts et chaussées.* »

« Angers, 25 janvier.

» Que je plains vos persécuteurs, qu'ils sont aveugles et malheureux ! avec le pouvoir de faire tant de bien, ne pas concevoir d'autre moyen que de se ruer avec violence contre ceux qui seuls lui en montrent le véritable chemin ! Heureusement ce n'est pas à votre cause qu'ils nuisent, et puisqu'ils ne pouvaient encore vous comprendre, on doit bénir du moins leur main providentielle qui vous met en position de faire entendre votre voix par tous les organes de la presse. Rey, *conseiller à la cour royale d'Angers.* »

« Toulouse, 27 janvier.

» Au père *Olinde Rodrigues.* — Le récit de la journée du 22 a rempli nos cœurs de sentiments délicieux et a resserré encore plus intimement les liens qui nous unissaient. Vous avez prouvé au monde combien était grand l'homme fort de l'avenir en présence de l'homme fort du passé. Vous avez révélé toute la puissance de *l'industriel affranchi sur l'homme de guerre asservi* [1]. Votre conduite est un grand enseignement pour nous et pour le monde : nous saurons l'imiter... HOART, *l'un des chefs des églises du Midi* [2]. »

Des missives, remplies des mêmes témoignages

1. On n'a pas oublié qu'Hoart était capitaine d'artillerie, et qu'il donna sa démission pour se vouer à l'apostolat saint-simonien.

2. L'Église de Toulouse avait été récemment réorganisée par Hoart et par Bouffard. A cette occasion, divers néophytes, Terson, prêtre catholique; Canet, avocat, et Granal entre autres, avaient fait solennellement leur profession de foi; et Charles Lemonnier, l'un des principaux propagateurs du saint-simonisme dans le Midi, penché un instant vers le doute et l'abstention, comme son ami Rességuier, avait prononcé en cette circonstance une allocution chaleureuse, dont nous croyons utile de reproduire les passages les plus remarquables par l'élévation des idées et des sentiments et par la franchise du langage :

» Oui, mon père, en face du progrès nouveau que la doctrine vient d'accomplir, je ne me suis pas trouvé prêt : je suis resté surpris et faible. Dans mon cœur, j'ai retrouvé encore un vieux reste de méfiance libérale; dans l'arche, j'ai cru de nouveau apercevoir le fantôme du despotisme, et j'ai reculé. Certes, ma foi en Dieu, à l'association progressive de l'humanité, n'a pas un instant chancelé; mais, je le répète, ma foi était incomplète; j'avais foi aux principes, et méfiance des hommes; j'oubliais que les principes sans les hommes sont des utopies, que les hommes ne manquent jamais aux principes; je croyais aux textes morts de la loi écrite, je craignais d'obéir aux révélations de la LOI VIVANTE.

de sympathie et de dévouement, étaient arrivées à Enfantin, à Rodrigues et au directeur du *Globe*, de Nantes, de Strasbourg, de Dunkerque, du Cantal, des Basses-Pyrénées, d'outre-Rhin et d'outre-Manche, etc., etc.

En ce moment, deux des jeunes apôtres les plus infatigables et les plus dévoués, Duveyrier et d'Eichthal, se trouvaient en Angleterre, où ils avaient des relations qu'ils étaient impatients de faire servir à la propagation de leur foi. Le 26 janvier, ils écrivaient de Londres à Enfantin :

« Cher père, depuis notre arrivée, nous avons vu beaucoup d'amis. Ceux qui, de Londres, avaient jugé la mission inopportune, sont complétement revenus de cette idée. Maintenant personne ne doute autour de nous que nous n'excitions de vives sympathies à Londres, Liverpool, Manchester, Birmingham, Dublin, Glascow, Édimbourg. Les efforts des owenistes, des benthamistes, des unitairiens et des fondateurs de l'union politique, ont préparé le sol. Il n'y a plus en Angleterre ni antipathies na-

» Grâce à Dieu, votre parole, mon père, a ressuscité chez moi la foi saint-simonienne dans sa plénitude. Je déclare que j'ai confiance entière dans notre père suprême Enfantin; je le proclame ici chef de l'humanité, car je crois que l'association est la loi, est la vie de l'humanité, et par-dessus tous les hommes du temps présent, notre père Enfantin possède la puissance de lier et d'associer les hommes. »

tionales ni antipathies religieuses. Nous avons entendu hier, à l'Union politique, le vrai pape irlandais, O'Connell, développer avec une éloquence admirable, et au milieu des trépignements de pieds et des hurras, l'alliance intime que l'Irlande, dans la personne de ses députés, faisait avec l'Angleterre pour l'obtention du bill de réforme, et par ce bill, d'une régénération commune. Et vos fils se sont écriés en sortant de cette séance mémorable, que, puisque les protestants anglais étaient arrivés à marcher avec enthousiasme sous la bannière d'un catholique irlandais, le jour était proche où l'Irlande et l'Angleterre s'uniraient à la France sous l'étendard pacifique de Saint-Simon. Qui pourrait donc, en entendant nos prophéties, les juger vaines et d'une impossible réalisation, quand trois ans ont suffi pour unir l'Angleterre à l'Irlande et faire régner O'Connell à Londres?

» Père, notre conviction profonde, éclairée par l'avis de nos amis, est que nous devons aller droit à Manchester, au milieu des populations manufacturières de l'Angleterre, y ouvrir une chapelle [1],

1. Le *Morning-Chronicle* donnait, sur le saint-simonisme, dans les premiers jours de février, quelques détails assez intéressants pour qu'il soit utile de les reproduire ici :

« Les saint-simoniens, disait-il, sont nombreux; leur nombre augmente journellement. Ce sont des gens respectables; sur dix, et y convoquer un *meeting* qui sera, nous l'espérons, de quelque dix mille hommes. »

Toutes ces communications épistolaires, bien faites pour remplir Enfantin de joie et d'espoir, le trouvèrent occupé à reprendre le cours de ses enseignements personnels. Dès le lendemain de son interrogatoire, il s'était remis à l'œuvre; voici les

il y en a neuf qui ont reçu une belle éducation. Quelques-uns d'entre eux sont riches; d'autres, pauvres. Plusieurs sont hommes d'un mérite extraordinaire; les autres ne sont que de simples partisans du nouveau système. Ils forment une société; leurs fonds sont en commun, ainsi que leurs ressources; leur capital n'est point considérable. Leur chef est appelé le *père suprême*, et son nom est Enfantin. C'est un homme doué d'éloquence et d'une sagacité profonde, qui possède une grande connaissance de la nature humaine, qui parle bien, écrit bien, converse bien; en un mot, c'est un homme honorable, un vertueux citoyen, qui, semblable à notre bon Robert Owen, se croit destiné à régénérer la société humaine. L'autre chef de la secte est *Olinde Rodrigues*. C'est aussi un honnête homme; la malveillance n'a point encore pu effleurer sa réputation. Il est animé d'une grande sincérité et croit fermement aux doctrines sociales qu'il professe et expose. Voilà quels sont les chefs de la secte; le reste est appelé *enfants* ou disciples, et il doit être reconnu par tous ceux qui savent quelque chose de leurs manières d'être en particulier et en public, que, comme saint-simoniens, ils sont sans reproches. Je m'estime heureux de voir qu'ils sont aussi sans peur. Et voilà pourtant la secte, voilà les hommes contre lesquels on a dirigé, dimanche dernier, les troupes de ligne, la garde municipale, la garde nationale à cheval et les officiers de la police, ayant à leur tête le procureur du roi, avec ordre de les arrêter, de les disperser, de s'opposer à la célébration de leur culte, comme ils avaient habitude de le faire toutes les semaines ce jour-là; de mettre les scellés sur leurs papiers, leurs lettres, leurs livres de compte, etc.! »

sommaires des deux séances qu'il y consacra dans les derniers jours de janvier :

Quinzième enseignement (24 janvier).

« LAMBERT sur les théories morales : audace et réserve du PÈRE ne posant pas de limites, lui homme, à l'influence moralisante du couple sacerdotal. — Le PÈRE pose ainsi la règle de conduite des apôtres : ne rien faire qui blesse la morale publique. — Poursuites contre la doctrine ; fermeture de la salle Taitbout et autres lieux d'enseignement. — La morale sera exposée dans *le Globe;* BARRAULT, *Retouret*, *Guéroult*, *Bourdon* et *Cazavan* chargés spécialement de cette rédaction. — Propagation dans les classes ouvrières résultant de ces persécutions. — Enseignement des ingénieurs par LAMBERT; correspondance avec eux par MICHEL, *Flachat* et *Péreire;* les préparer à l'œuvre industrielle. — Statistique du clergé et des fidèles. — Influence politique de l'exemple donné par l'affection de la Famille pour son Chef. — Espérances de réalisation politique de la Doctrine. — Opinion de M. Jacques Laffitte sur *le Producteur*. — Reprise de l'enseignement des théories morales. — A la division du clergé chrétien en régulier et séculier succéda, hors de l'Église, la double influence morale du *Roman* et du *Théâtre*. — Examen des travaux liturgiques et dramatiques, des œuvres des moines et de celles des romanciers. — Dans l'ordre moral, les trois partis du *mouvement*, de la *résistance* et du JUSTE MILIEU. — Opinion de Béranger sur notre parole. — La messe et le théâtre. — Faire communier le passé et l'avenir sur la scène, ressusciter et créer le grand, le rappeler et l'appeler, tel est l'ART de l'avenir : Tradition et prophétie; évocations et annonciations; ingénieurs et artistes; création et poésie; la femme et le culte. — La grande œuvre industrielle est le sujet du drame et de l'épopée des apôtres. — Fêtes, cérémonies, costumes et chants des ouvriers. »

Seizième enseignement (31 janvier 1832).

« La loi vivante, le prêtre. —Les trois familles de la *chair*, de l'*esprit*, d'élection par AMOUR.—La famille païenne est conçue pour le *Père de famille*, elle est patriarcale; la famille chrétienne est conçue pour les *enfants*, elle est sous l'invocation du *fils;* la famille future sera constituée pour l'HOMME et pour la FEMME, *père* et *mère*, *fils* et *fille*. — Dans l'ordre politique elle répondra aux besoins de la fonction *sociale* et du bonheur domestique. —Prêtre catholique, ministre protestant, couple saint-simonien. — Différence de l'éducation physique, charnelle, pratique, selon qu'on est païen, chrétien ou saint-simonien. — Que font actuellement les êtres qui ont les facultés essentielles du monde futur? Généralement ils démoralisent au lieu de moraliser, parce qu'ils ont puissance sur les passions réprouvées. — Le clergé chrétien et la chevalerie. — Dieu et la dame. — Droit du seigneur et cours d'amour. — Une influence semblable à celle de la dame sur le chevalier peut être exercée religieusement par l'homme sur la femme ; le cœur de l'homme n'est pas le seul qui puisse idolâtrer. — Le prêtre chrétien, ignorant une partie de la vie, est impuissant à en concevoir la sainteté et à pouvoir la moraliser. — Mariage chrétien. — Jésuitisme. — On accusera le saint-simonisme de prêcher le libertinage et l'orgie. — Objection : *Le sacerdoce ne pourra être exercé que par des anges.* — Il est pourtant moins anti-humain et moins difficile que le célibat. — Le problème religieux consiste à remplacer en *droit* CE QUI EST en fait, afin de rendre moralisantes des jouissances qui démoralisent aujourd'hui, et qui *ont été*, SONT et *seront* autant que durera l'humanité. — Conduite privée des apôtres. — Accusation du monde. — Confession. »

Entre ces deux enseignements, Enfantin eut à répondre à une communication douloureuse de son ancien correspondant et vieux camarade Pichard, qui venait de perdre son fils unique. Il avait commencé sa lettre au moment où sa chambre fut envahie. Obligé de s'interrompre, il chargea quelques jours après mademoiselle Aglaé Saint-Hilaire, qui connaissait la famille Pichard, d'achever sa réponse. Elle était ainsi conçue :

« Mon pauvre ami, je suis absorbé, mais il n'y a pas de travaux qui tiennent, vous souffrez trop ; j'ai besoin de vous embrasser et d'embrasser aussi votre chère femme, que j'aime pour tout l'amour qu'elle vous donne, pour tout le bien que mon père et ma mère m'ont dit d'elle. Oui, vous avez bien connu mon cœur, puisque vous avez senti les douleurs de ceux auxquels j'ai spécialement donné mon affection. Mais, mon ami, laissez-moi vous dire que vous avez méconnu ceux qui éprouvent *avec force* les douleurs *individuelles*. Ceux-là aussi sont capables de s'élever vers *tous ;* et c'est alors qu'ils sont vraiment religieux.

» Je suis arrêté dans ma lettre, mon ami, par des poursuites judiciaires qui auront un grand résultat pour la doctrine. Je ne peux plus que vous embrasser. Aglaé va terminer ma lettre. »

Cette dame termina, en effet, et expédia, le 27 janvier, la lettre d'Enfantin. Elle y annonçait que les mandats lancés contre Enfantin et Rodrigues avaient été levés dans la même journée, que les papiers saisis étaient rendus, et que la persécution valait à la doctrine de nouveaux prosélytes, de nombreux amis et une plus grande publicité.

Cependant les rumeurs calomnieuses, accréditées par *le Sténographe, la Gazette des tribunaux* et *la France nouvelle*, et aggravées par les assertions inexactes du *Journal des Débats*, bien qu'elles eussent été victorieusement réfutées par Michel Chevalier, J. Péreire, Guéroult et Baud, firent penser au chef suprême des saint-simoniens qu'il y avait quelque chose de plus à faire pour éclairer le public sur le désintéressement apostolique des hommes dont on voulait mettre la probité en suspicion. *Le Globe* publia un tableau *des sommes qui avaient été apportées en dons au saint-simonisme jusqu'au* 31 *janvier* 1831.

« Avant le mois de décembre 1830, disait-il, toutes les dépenses ont été supportées par notre père suprême Enfantin ; elles s'élèvent environ à 14,000 fr. » Le tableau indiquait ensuite qu'il avait été apporté depuis par Fournel, d'Eichthal, Alexis Petit, Bouffard, Robinet, Ollivier, Carnot,

Transon, Bruneau, Lemonnier, Rességuier, Huguet, Drouot, Rodrigues, Péreire frères, Machereau, Véturie Espagne, Ribes, Renouvier, Hennoque, Bourdon, Carlier, Gallé, Holstein, Mlle Talon, Granal, Simon, Rigaud, Reynaud, Fritz Herrenschneider, Michel Chevalier, Genevois, Arlès, Blanc, Cazeaux, Belvèze, Janger et divers anonymes, une somme de 344,816 fr., non compris la valeur du mobilier et des propriétés immobilières donnés par des saint-simoniens.

D'après une note qui nous a été communiquée et qui fut rédigée, vers 1840, par Gustave d'Eichthal, la réalisation d'anciens engagements pris par des membres de la famille produisit, de janvier à août 1832, sous la direction de Bouffard, puis de Fournel, une somme de 236,000 fr., à la composition de laquelle concoururent, savoir :

ENFANTIN, pour 77,000 fr.; —PETIT, 54,000; — OLLIVIER, 10,000; — BRUNEAU, 9,000; — PÉREIRE FRÈRES, 43,000; — TOCHÉ, 21,000;— RIGAUD, 22,000.

« Nous trouvons ainsi, ajoute l'auteur de la note, un total de versements qui se rapproche suffisamment de celui indiqué par Enfantin, en 1863, dans sa lettre sur le *crédit intellectuel*, à savoir : UN MILLION.

» Les principaux prenant part à la cotisation ont été *approximativement* :

Enfantin	100,000 fr.
Fournel	150,000
D'Eichthal	150,000
Alexis Petit	100,000
Madame Petit	100,000
Ollivier	30,000
Bouffard	25,000
Robinet	21,500
Carnot	20,000
Bruneau	23,000
Lemonnier	9,000
Jules Rességuier	6,000
Rigaud	22,000
Toché	21,000
Corrèze	20,000
Autres portés sur la liste du *Globe*, 8 février 1832.	64,000
Total	861,500 fr.

L'insuffisance prévue des cotisations intérieures faisait sentir de plus en plus l'importance de l'emprunt et la nécessité d'assurer son succès. Cette nécessité semblait en créer une autre, celle du maintien d'un accord parfait entre le chef suprême et le chef du culte. Il était difficile que l'emprunt pût réussir sans le concours de l'habile et hardi financier qui avait pris personnellement le plus de part à cette grande opération. Mais Rodrigues était à la fois un homme de finance et un homme religieux. Les questions de morale et de famille le préoccupaient par-dessus tout, et l'on sait qu'il avait été le premier à s'effrayer des théories d'Enfantin. S'il n'avait pas imité Bazard, dans sa retraite, c'est que non-seulement il reconnaissait, lui, la supériorité d'Enfantin que Bazard persistait à nier, mais qu'il espérait aussi d'Enfantin une espèce de simple mise à l'étude des idées contestées, sans que rien pût leur enlever leur caractère purement conjectural et transitoire pour les revêtir de formes dogmatiques et définitives. Or Enfantin, en janvier et en février 1832, enseignait et fesait enseigner hautement la morale future telle qu'il la concevait. Bien qu'il restât rigoureusement fidèle à ses déclarations, quant à la pratique, Rodrigues trouvait que c'était dépasser les limites de la réserve convenue, ou du moins espérée par lui. Il se plaignit donc intimement à Enfantin, et quand il fut pleinement convaincu que toutes ses doléances seraient à jamais impuissantes sur les résolutions du chef qu'il avait proclamé lui même, et dont rien ne pouvait arrêter la confiance prophétique et l'audace doctrinale, il laissa percer l'intention de se séparer de ce chef, et de reprendre la direction suprême du saint-simonisme.

Enfantin, sachant que les dispositions de Rodrigues dont il avait été instruit le premier, commençaient à être connues et agitaient la famille saint-simonienne, la réunit extraordinairement dans la soirée du 14 février, et prononça l'allocution suivante :

— « Mes enfants, je vous disais dernièrement qu'il se préparait pour nous de grandes choses : et en effet, nous voici à une rude épreuve. Je vous demande de la patience ; cette vertu vous sera souvent nécessaire dans l'*apostolat*. Ne vous hâtez pas trop, sur des bruits qui vous sont irrégulièrement parvenus, de vous former une opinion sur des choses que je ne peux moi-même vous annoncer encore. Restez dans l'attente ; c'est pénible, mais je vous en ai donné l'exemple ; si vous en souffrez, j'ai souffert avant vous.

» Nous marchons vers l'*unité* d'*action*, et nous n'y serons parvenus que lorsque l'*unité* de *pouvoir* sera complétement réalisée par l'*homme* et par la *femme*. Jusque-là nous aurons, comme nous en avons déjà eu, des oscillations pendant lesquelles notre avenir prochain restera momentanément voilé. Les moments où l'*apôtre* cherche à deviner son lendemain, lui qui voit si clairement à travers les siècles, sont ses moments de douleur, et pourtant sa vie en est fréquemment semée. Notre route est si bien tracée à grandes distances, que nous avons toujours la certitude, devant tous les obstacles qui viennent nous entraver, que nous n'en perdrons pas la trace, et pourtant il y a pour nous tous un moment de recherche douloureuse. Il serait fâcheux que vous n'éprouvassiez pas tous cette douleur, qui est un signe de notre imperfection, et qui nous pousse à réaliser le progrès que cette souffrance même nous présage.

» Nous l'avons dit, l'humanité ne se répète pas, nous ne nous répéterons pas non plus; que les souvenirs récents de notre dernière crise ne vous inspirent donc pas d'inquiétudes pour ce qui se passe aujourd'hui; jusqu'à ce que j'aie quelque chose de positif à vous dire sur notre avenir, rien n'est encore changé dans notre position, et je vous le répète, patientez, attendez, ayez plus que jamais foi en moi.

» Nous avons fait aujourd'hui une légère modification à notre vie intérieure. Michel et Flachat ont institué la table de leur fonction, de manière à donner, à l'une des communions journalières, le caractère religieux que ces communions n'avaient pas.

» Je vous ai annoncé que nous aurions encore d'autres changements à opérer; les chefs de fonctions vous ont prévenus; tous ces changements auront le même but : donner à notre vie un caractère religieux qui lui manque encore.

» Je vais vous laisser; je désire cependant que vous restiez ici, que vous causiez entre vous, et que vous consacriez spécialement cette soirée à raffermir les relations d'affection indissoluble qui doivent unir des *apôtres*. Nous avons pu nous présenter, pour ainsi dire, désarmés, à l'*hérésie* dernière, et cela nous a fait commettre beaucoup de fautes; que ces fautes soient des leçons pour nous aujourd'hui, nous avons brusqué bien des choses; avec plus de patience nous pouvons désormais éviter bien des douleurs. Si nous avions entre nous des liens d'affection et de confiance vraiment *religieuses*, jamais rupture ne paraîtrait possible, et dans tout désaccord, nous aurions une force d'*ensemble* et une tranquillité *personnelle* qui rétabliraient facilement l'*harmonie*.

» Voici la dernière phase encore *irréligieuse* de notre vie. Jusqu'ici nous avons cru qu'en face de l'*hérésie*, le *progrès* ne pouvait s'accomplir que par la *séparation*, et en effet, la *séparation* était utile à ceux même qui s'éloignaient et à nous, elle était, en quelque sorte, *religieuse*, mais il doit arriver un moment où les *séparations* cessent d'être *religieuses*; espérons que nous y sommes parvenus;

espérons que l'homme qui, par moi, vous a transmis à tous la vie de Saint-Simon, de son maître, espérons que Rodrigues ne s'éloignera pas de nous. »

A ce moment, Rodrigues avait déjà fait imprimer un appel aux saint-simoniens, dans lequel il annonçait, non-seulement qu'il se séparait d'Enfantin, désormais hérétique à ses yeux, mais qu'il reprenait lui-même la haute direction de la doctrine saint-simonienne.

Bazard, informé de cette rupture flagrante entre les deux hommes dont l'accord avait contrarié la signification qu'il donnait lui-même à sa retraite, s'empressa de faire parvenir à Rodrigues les quelques lignes qui suivent :

» Dans les circonstances graves où se trouve Rodrigues, je voudrais avoir un entretien avec lui; ce n'est pas de ses rapports de doctrine avec moi que je veux lui parler, pour cela nous avons le temps, c'est de ce qui le touche intimement ainsi que tous les siens. Je pense qu'il ne refusera pas cet entretien que je ne lui demande que dans son seul intérêt.

» J'attendrai Rodrigues chez moi à l'heure qu'il aura choisie. »

— « Rodrigues, a dit Enfantin, me fit remettre ce billet par Flachat, en lui disant : « Tu diras à

Enfantin quel est le cas que je fais des dissidents, je ne répondrai pas. »

Mais Bazard, qui attendait un meilleur accueil pour sa proposition d'entrevue, écrivant le lendemain à Rességuier, se prévalait de la séparation de Rodrigues, pour présenter la situation d'Enfantin comme tout à fait compromise et ruinée.

« Cher fils, lui disait-il, l'association de la rue Monsigny est en pleine voie de dissolution. Tous ceux qui avaient une valeur personnelle s'en sont successivement retirés [1] pour prendre une direction ou une autre, et vous aurez appris sans doute que de ce nombre se trouvent en dernier lieu Laurent et Transon; mais voici bien autre chose : depuis près de deux mois, une guerre sourde mais violente existait entre Enfantin et Rodrigues; elle vient aujourd'hui d'éclater ouvertement. Lundi dernier, Enfantin a destitué Rodrigues de ses fonctions de chef de l'industrie; à quoi Rodrigues a répondu en

1. Les entraînements de la dissidence affaiblissaient ici, dans Bazard, la puissance de sa froide raison et les grandes clartés de son esprit, jusqu'à mettre en défaut sa rare pénétration. Les hommes qui restaient fidèles à Enfantin, et dont il parlait avec dédain dans cette lettre, avaient déjà, ou ont depuis, fait leurs preuves. Ils s'appellent Michel Chevalier, Émile Barrault, Charles Duveyrier, Gustave d'Eichthal, Henri Fournel, Isaac Péreire, Stéphane Flachat, Charles Lambert, Charles Lemonnier, Adolphe Guéroult, etc., etc.

se proclamant chef suprême, au lieu et place d'Enfantin. Cette lutte est encore, au moment même où je vous écris, dans toute sa fureur. La grande cause de ce débat est qu'Enfantin veut absolument enseigner et *pratiquer*[1] ses théories, ce qu'il a déclaré formellement et sans fard, et que Rodrigues, qui prévoit tout le discrédit qui va résulter de là, ne le veut point. Enfantin parviendra peut-être à se maintenir quelque temps encore, malgré la scission de Rodrigues, mais aujourd'hui, quand on n'a pas d'autres moyens de gouverner, on ne peut aller loin.

» Voilà de bien tristes choses, mon cher Rességuier, mais nous devons y puiser une nouvelle ardeur, pour travailler à l'accomplisement de la grande tâche que nous avons entreprise; il faut en finir d'un monde où tant d'égarement et de douleur peuvent se produire.

» BAZARD.

» *P.-S.* J'avais différé l'envoi de ma lettre pour vous faire savoir l'issue définitive de la querelle d'Enfantin et de Rodrigues : pendant ce temps, est arrivé la vôtre à Cazeaux ; l'élan du cœur qu'elle

1. Ce mot est regrettable. Enfantin protesta toujours au contraire, et formellement, contre cette *pratique*.

exprime m'a pénétré d'une joie délicieuse; il est bien doux, au milieu des débordements des mauvais procédés et des mauvais sentiments qui se produisent toujours dans des crises de la nature de celle que nous venons de traverser, de rencontrer de religieuses sympathies et de s'y reposer un moment.

» Rodrigues vient de publier sa proclamation; vous la recevrez par la poste. C'est de ce côté une dissolution complète, car Olinde et Enfantin sont également frappés d'impuissance, au moins à l'égard de la grande œuvre que nous avons entreprise.

» BAZARD. »

Rodrigues, en effet, tout en refusant de se rendre au désir de Bazard, et en se faisant un mérite de ce refus auprès d'Enfantin, avait lancé hardiment son manifeste contre ce dernier.

Deux jours après, en commençant son dix-huitième enseignement[1]; Enfantin s'exprimait ainsi :

1. Cet enseignement eut lieu le 18 février, dix jours après le 17e. Voici les sommaires de ces deux derniers enseignements :

17e *enseignement* (7 février 1832).

« Lien logique entre les théories morales et la politique, l'histoire, la métaphysique et la théologie. — Contradiction logique et impuissance pratique chez les dissidents. — Promiscuité,

« *Mes enfants*, vous verrez demain dans *le Globe* la proclamation de Rodrigues, vous y verrez, en même temps, une lettre que je vous adresse à *tous*, une circulaire de Michel aux églises de province, enfin le cinquième enseignement que je vous ai fait ici sur les *femmes*. Ainsi ce numéro du *Globe* renfermera toute l'explication de notre vie actuelle. En même temps, nous commencerons, par l'insertion de ce cinquième enseignement, notre appel direct et public aux *femmes ;* nous ne

confusion panthéistique, communauté des biens.— Républicains révolutionnaires en morale : les fouriéristes, TRANSON et JULES LECHEVALIER. — Néo-chrétiens : BUCHEZ. — Les femmes n'ont pas encore eu dans la Famille d'existence religieuse.— Les consommateurs intellectuels et matériels : ivrognes de l'esprit et de la chair, débouchés de l'intelligence et des sens, fats et pédants. — Demandes d'explications : *Toussaint*, au nom de ses frères de Belgique, demande que *le Globe* expose les théories.— Lambert exposera les idées de M. Fourier. — Digression sur la hiérarchie actuelle de la Famille par *fonctions,* au lieu d'être constituée, comme précédemment, par *degrés.* —Rapport de D'EICHTHAL sur sa mission en Angleterre. (Associations d'ouvriers : M. Place, tailleur, à Londres; sociétés coopératives : M. Owen. — IRLANDE, *Écosse, Angleterre* répondent à la trinité PRÊTRES, savants, industriels). — Le PÈRE sur l'aristocratie anglaise. »

18e *enseignement* (18 février 1832).

« Le PÈRE sur la séparation de RODRIGUES. — Modifications dans la hiérarchie. — Annonces de réunions du collége, auxquelles assisteront Stéph. *Flachat*, Isaac *Péreire, Henry, Holstein, Simon, Ollivier, Rigaud, Bruneau* et *Jallat.* — MICHEL CHEVALIER est chargé de l'administration générale de la Famille et de la procuration qui avait été donnée à RODRIGUES. — Explication l'avions pas pu faire encore, et, dès ce jour, il devient notre œuvre capitale.

» Depuis six ans nous travaillons, hommes seuls, à la propagation de la foi saint-simonienne, c'est-à-dire que, depuis six ans, le but que nous nous proposions, *instinctivement* ou *consciencieusement,* était d'arriver à une époque où nous pourrions appeler la *femme* à s'asseoir avec nous, car la réalisation de l'avenir saint-simonien consiste dans *l'union religieuse, politique et morale de l'homme et de la femme.* »

de la situation où le PÈRE s'est trouvé entre RODRIGUES et BAZARD (le juif et le chrétien). — E. TALABOT sur l'élection de MICHEL. — Nouvelle profession de foi de MICHEL, ses principes de conduite : *Juger ses actes en se plaçant à 200 ans de distance dans l'avenir.* — Dégager de toute *chose,* de toute *idée,* de tout ÊTRE, l'*élément progressif.* — Appréciation, dans la politique intérieure, du juste milieu (banquiers, bourgeois, députés des centres) et des légitimistes; dans la politique étrangère, de la question d'Orient (système de la Méditerranée); dans la morale, des femmes; appréciation, dans la Famille, de ses frères E. TALABOT, G. D'EICHTHAL, BOUFFARD, LAMBERT, BARRAULT, *Flachat.* — D'Eichthal rapporte les visites de Michel à Rothschild, Aguado et autres banquiers. — Il se réjouit de l'avénement du PÈRE, seul chef maintenant de la Famille. — Profession de foi de BOUFFARD. — D'EICHTHAL sur l'amour aveugle pour le PÈRE. — Le PÈRE sur la prière et sur l'amour aveugle. — D'EICHTHAL sur le PÈRE (*Saint-Simon est en vous*). — Le PÈRE explique pourquoi P. LEROUX, J. REYNAUD, JULES LECHEVALIER, TRANSON, CARNOT, et tous les dissidents avec BAZARD, ont quitté la Famille. — Hommage à la retraite de BAZARD et de RODRIGUES. — Jour de deuil. »

Le Globe du 19 février publia exactement toutes les pièces annoncées par le Père suprême. Nous les reproduisons dans l'ordre suivi par le journal saint-simonien.

« LE PÈRE SUPRÊME *aux saint-simoniens.*

» CHERS ENFANTS, lorsque, dans sa religieuse audace, un homme, MOI, VOTRE PÈRE ; lorsque, dans ma sainte audace, dis-je, j'ai osé porter la main sur les bases de la FAMILLE ANCIENNE, j'ai dû, comme notre glorieux et divin maître, j'ai dû être d'abord méconnu.

» L'HOMME à qui DIEU a donné mission d'APPELER la FEMME au sacerdoce définitif ; celui qui doit, avec elle et par elle, poser les bases de la LOI MORALE que DIEU réserve à l'avenir ; celui de qui doit naître une FAMILLE NOUVELLE, celui-là n'avait pas *pu* et n'avait pas *dû* porter VOLONTAIREMENT les liens de la FAMILLE CHRÉTIENNE.

» Or, cet HOMME, c'est MOI ; et j'avais près de moi deux autres enfants de SAINT-SIMON, dont les noms seront éternellement liés au mien, Bazard et Rodrigues ; trinité mâle, analyse vivante de notre maître : *christianisme*, *judaïsme*, SAINT-SIMONISME.

» Rodrigues et Bazard, pliés, courbés depuis

longtemps sous le joug de la FAMILLE ANCIENNE, ont, durant quinze mois, cherché à contenir l'essor de ma religieuse pensée. Je leur rends grâces! dans cette lutte, ma foi est devenue plus précise, plus claire; car plusieurs aujourd'hui la comprennent et l'enseignent, qui d'abord la repoussaient comme eux.

» Ma patience ne s'est point lassée; Bazard s'est *éloigné* de moi, je ne l'ai point *repoussé;* il s'est éloigné, PROTESTANT contre mon autorité et ma doctrine : au même instant Rodrigues déclarait mon autorité religieuse et légitime, et me proclamait l'*homme le plus moral de son temps*. Et cependant aujourd'hui Rodrigues, l'héritier direct de Saint-Simon, celui qui nous a transmis à tous la vie nouvelle, à son tour *se retire* et PROTESTE contre moi.

» Il ne m'a donc pas été donné à moi, HOMME, à moi, privé de l'inspiration religieuse de la FEMME, de rallier à ma foi dans l'*avenir* ces deux puissants représentants de la MORALITÉ *passée*, le juif et le chrétien, Rodrigues et Bazard. Il ne m'a donc pas été donné à moi, *homme*, de faire aimer, comprendre et pratiquer par ces *hommes* l'affranchissement de la *femme*, et de leur faire répéter mon APPEL

» Eh bien! aujourd'hui la parole de VOTRE PÈRE se sent libre des entraves dans lesquelles si longtemps elle fut comprimée : ils m'ont quitté, gloire à DIEU! leur mission était accomplie, et vraiment la mienne commence. Depuis trois mois que vous connaissez mon APPEL AUX FEMMES, je ne vous ai point fait entendre ma voix, et à peine si de distance en distance *le Globe* a essayé quelques pas mal assurés dans cette route nouvelle.

» J'avais hâte pourtant de parler au monde ce langage, car notre apostolat s'est développé merveilleusement pour nous donner le droit de dire notre MORALE, après avoir fait connaître notre *science* et notre politique, après avoir profondément pénétré les *esprits*, et remué vivement les *intérêts*.

» J'aime que le monde soit saisi de notre MORALITÉ et prétende la juger; car, au nom de Saint-Simon, moi aussi je prétends juger la morale humaine; et si j'entends chaque jour résonner autour de nous ces mots : *promiscuité, communauté des femmes*, je veux savoir d'où ils partent, et quels sont leurs échos. »

Lettre adressée aux chefs des églises des départements.

« Cher fils, un événement douloureux s'accomplit en ce moment dans notre sein; c'est un des actes du drame immense que notre apostolat devait dérouler devant le monde.

» Le caractère saillant de notre œuvre, par rapport au christianisme, est la réhabilitation de la matière ; en morale, c'est l'affranchissement de la femme et son association par égalité avec l'homme. Un mariage nouveau, une famille nouvelle, voilà ce que nous devons donner à l'humanité, voilà ce que la femme est appelée à constituer avec nous.

» Les termes généraux de cet *appel*, c'est-à-dire les seules bases que nous puissions indiquer pour la loi de l'avenir, ont été posés par notre Père Enfantin d'une manière large, de telle sorte que la femme ne pût avoir à craindre l'anathème dans son intervention.

» A l'homme le plus *moral*, il appartenait de jeter au monde les germes de la morale nouvelle ; à la femme la plus *morale*, c'est-à-dire à la plus aimante, à la plus aimée, à elle seule il convenait d'y apporter sa féconde limite.

» Hors de là, dans tout sentiment personnel qui prétendrait s'imposer comme définitif et universel, il y a sacrilége, exploitation de la femme.

» Je le répète, la sainteté de l'appel à la femme a pour base son illimitation même.

» Une crise devait se produire en face d'une

question si palpitante. La religion saint-simonienne, qui veut unir et harmoniser l'homme et la femme, l'État et la famille, devait se trouver en lutte avec le sentiment chrétien, qui subalternise la femme à l'homme, et le sentiment juif, qui subalternise l'État à la famille.

» Vous savez que le chrétien a déjà protesté en la personne du Père Bazard. Le juif vient protester en la personne du Père Rodrigues.

» Cher fils, ce dernier terme de la crise a été bien douloureux. Il devait être cruel pour nous tous de voir se retirer de notre sein un homme que nous aimons profondément, car il nous a beaucoup donné.

» Le dissentiment existait depuis longtemps entre notre *Père suprême* et lui. Quand même vous ne vous en seriez pas aperçu à la mollesse avec laquelle, dans *le Globe*, nous développions l'appel aux femmes fait par notre *Père suprême*, vous en aviez eu la révélation bien nette par la publication de la note qui termine la réunion des 19 et 21 novembre.

» Depuis trois mois, le *Père suprême* a deux fois par semaine fait des enseignements intérieurs, desquels il est résulté, pour tous, le sentiment de la haute valeur religieuse de l'appel, tel qu'il avait été conçu par lui. Tous, hommes et femmes, à part un très-petit nombre d'exceptions qui d'ailleurs ne portent sur aucun des membres de la famille connus par leurs œuvres, tous ont adhéré à sa foi ; malheureusement le père *Rodrigues* n'a voulu assister à aucun de ces enseignements. Nous avions tous compté que le vif amour voué par le Père *Rodrigues* au *Père suprême*, et la haute moralité qui le distingue, le détermineraient à rester définitivement dans la position qu'il avait acceptée, à l'origine, dans son appel, et dans laquelle il se trouvait alors qu'eurent lieu les enseignements d'ouvriers où il apparut si grand aux yeux de tous. Il n'en a pas été ainsi. Placé sous l'empire de préoccupations personnelles et de famille, le Père *Rodrigues* n'a pu entrer en pleine communion avec le *Père suprême*, et maintenant, après cinq jours d'hésitation pendant lesquels notre *Père suprême* a épuisé toutes les formules et toutes les précautions de la patience, il vient d'opérer une rupture publique que, jusqu'au dernier instant, nous avions espéré éviter.

» Celui qui, ayant pleine connaissance de la foi du *Père suprême* a, solennellement déclaré, dans son appel, qu'il le reconnaissait pour l'*homme le plus moral de son temps*, vient l'accuser, à raison de la même foi, et nous avec lui, d'immoralité profonde. L'attitude unanime de ceux qui furent ses fils, et qui étaient heureux de l'être, n'a pas été pour lui une révélation!

» Toutefois nous manquerions de foi si nous n'espérions pas que celui qui fut le disciple de Saint-Simon rentrera bientôt au milieu de nous. Celui qui est la tradition vivante ne pourrait vivre hors de notre sein.

» Cher fils, quelle que doive être la résolution que prendra le Père *Rodrigues*, vous devez voir, en ce qui se passe, la fin d'une crise soulevée par les répugnances de la famille antique. La famille chrétienne et la famille juive ont protesté, désormais nous marcherons à l'aise et sans entraves. L'appel des femmes que nous n'avons prononcé jusqu'ici que d'une voix mal assurée, nous le proclamerons hautement et sans cesse, aujourd'hui que toutes nos voix ne font qu'une voix avec celle de notre *Père suprême*. » MICHEL CHEVALIER. »

Manifeste d'Olinde Rodrigues aux saint-simoniens.

» L'APPEL AUX FEMMES tel que l'a conçu *Enfantin* et les théories morales qui s'y rattachent ont fait naître entre *lui* et MOI un dissentiment formel qui a été plus ou moins connu de vous tous. Ce dissentiment vient de produire le résultat qui ne pouvait être évité que par la conversion d'Enfantin aux bases de la loi morale que j'ai proposées, au sein du collége de la religion saint-simonienne.

» J'ai affirmé que, dans la famille saint-simonienne, tout enfant devait pouvoir connaître son père. Enfantin a exprimé le vœu que la femme seule fût appelée à s'expliquer sur cette grave question.

» Il a donc admis des cas de promiscuité religieuse, tandis que j'ai seulement admis *la sanction du divorce et la sanctification des secondes noces*, comme l'unique combinaison qui pût à la fois satisfaire *tous* les légitimes penchants de l'homme et de la femme sous le rapport de leur association, aussi bien que sous le rapport de la sanction réservée aux sentiments de famille. J'ai appelé la femme à nous révéler, d'après ces bases, la *loi des convenances*.

» Enfantin a donc admis des *faits moraux* dans la *communauté des femmes*. Je les ai classés au nombre des *cas immoraux*.

» Ce dissentiment sur les termes de l'appel aux femmes s'est même fait remarquer dans les rapprochements qui ont été faits dans *le Globe*, entre l'Orient et l'Occident, Satan et Dieu. Il aurait probablement éclaté en face du public; le jour où les prédications ont été forcément suspendues.

» Loin de s'apercevoir de l'effet funeste de cette observation, au moment même où nous fondons le crédit saint-simonien, aberration qui s'explique assez d'ailleurs par la situation personnelle d'Enfantin quant aux relations de famille, relativement aux sentiments d'époux et de père, Enfantin, dont j'avais proclamé la haute *moralité* alors qu'il accomplissait l'œuvre la plus importante, le changement de la hiérarchie, Enfantin-Bazard, a cru pouvoir déclarer *immoral* le premier disciple de Saint-Simon, en brisant, ce jour même, les liens hiérarchiques qui me rattachaient directement plusieurs fonctionnaires importants.

» Cet acte *inexplicable* est pour moi le signal d'un progrès nouveau, l'INDUSTRIE est appelée dans ma personne à *constituer* définitivement la RELIGION NOUVELLE.

» Saint-simoniens,

» Votre hiérarchie éprouve, dans sa sommité, un changement capital. L'héritier direct de Saint-Simon assume enfin sur lui *toute* la tâche que lui a confiée son maître; il vous appelle tous, hommes et femmes, à fonder avec lui l'union des travailleurs pacifiques, au nom du NOUVEAU CHRISTIANISME, dernière parole, testament de SAINT-SIMON.

» OLINDE RODRIGUES,
» Chef de la religion saint-simonienne. »

Bazard ayant cru devoir réclamer contre la citation de son nom et l'appréciation de ses idées et de leur avenir, par Michel Chevalier, et ayant demandé l'insertion de sa lettre, *le Globe* la publia dans son numéro du 20, en la faisant précéder de ces quelques lignes :

« Hier nous avons dit la cause profonde pour laquelle deux hommes que notre Père suprême a appelés *les deux puissants représentants de la moralité passée*, le père Bazard et le père Rodrigues, personnification, l'un du christianisme, l'autre du judaïsme, n'avaient pu comprendre l'*appel aux femmes* tel qu'il avait été formulé par notre Père suprême, et avaient successivement protesté contre son autorité et sa foi. *Le Globe* du même jour contenait la protestation du Père Rodrigues; voici maintenant une protestation du Père Bazard :

» A M. Michel Chevalier, gérant du *Globe*,

» Dans votre journal d'hier, il vous a plu de prononcer sur mon avenir et de me qualifier dans le présent. Je ne puis accepter vos jugements.

» Ma *mission* n'est point *accomplie*, c'est ce que vous reconnaîtrez bientôt en déplorant, je l'espère, les vertiges et les égarements qui ont compromis la vôtre, celle que je vous avais donnée et dans laquelle je vous ai guidé si longtemps.

» Je sais que, dans votre pensée, le titre de *chrétien* est le plus outrageant que vous puissiez donner à ceux qui ne marchent point avec vous. Je ne m'en offense point assurément; cependant je dois le refuser, car il ne m'appartient pas : je suis, il est vrai, dans les voies préparées par le christianisme, mais en avant de cette grande religion, comme les chrétiens eux-mêmes se sont élevés autrefois au-dessus des religions antérieures, tout en se tenant dans la ligne qu'elles avaient projetée sur l'avenir.

» Quant au titre de saint-simonien que vous vous attribuez, vous et votre chef, je vous le conteste : vous n'êtes pas saint-simonien. Mais ici je m'attends, d'après votre langage habituel, que vous allez me demander de vous dire, non point ce que vous n'êtes pas, mais ce que vous êtes. J'y consens.

» Ouvrez l'histoire dont les enseignements vous sont si nécessaires, comme le prouvent assez les emphatiques ignorances que chaque jour depuis trois mois vous débitez sur l'Orient, et vous verrez qu'à la fin des grandes époques de dissolution sociale, et lorsque le désordre est arrivé à son comble, il est rendu sensible à tous par deux grandes tentations, dont l'une se produit dans la voie du *mal*, l'autre dans la voie du *bien;* la première ayant pour but de systématiser, d'organiser, de sanctifier tous les vices existants; la seconde, de dégager du milieu de ces vices les germes d'avenir, les tendances progressives, pour les montrer à tous, les faire aimer de tous, et constituer ainsi l'ordre nouveau que le monde réclame; eh bien! vous, vous êtes (involontairement, je veux le croire encore) la constatation du désordre dans la voie du *mal. Voilà ce que vous êtes!*

» En vous enlevant ainsi le titre de saint-simonien que vous vous attribuez, je commence l'accomplissement d'une tâche devenue aujourd'hui difficile, celle de tirer le nom de Saint-Simon, et les travaux que durant près de sept années nous avons accomplis sous son invocation, du discrédit où les ont jetés vos folies des trois derniers mois.

» Je vous prie d'insérer ma lettre dans votre prochain numéro. » BAZARD. »

Le Globe du même jour renfermait une nouvelle lettre de Michel Chevalier adressée aux chefs des églises; elle était ainsi conçue :

« Chers fils, *le Globe* de ce jour vous instruira de l'événement qui vient de s'accomplir parmi nous. Je n'ajouterai qu'un mot aujourd'hui sur une séance hautement religieuse qui a eu lieu hier au soir, où notre *Père suprême* s'est montré à ses fils dans tout l'éclat de sa force et de son amour, et où ses fils se sont unanimement révélés à lui, pleins d'ardeur et de foi en l'avenir auquel il nous conduit, et en sa personne. Je n'entreprendrai pas de vous décrire les épanchements dont notre soirée d'hier a été remplie, je me bornerai pour aujourd'hui à vous faire connaître quels en ont été les résultats généraux.

» Le *Père suprême* a annoncé la réouverture des séances du collége, et il y a appelé, indépendamment de Stéphane Flachat, I. Péreire, Henry et Holstein, pour lesquels c'était déjà un fait reconnu, Ollivier, Simon, Rigaud, Bruneau.

» Le collége se réunira deux fois par semaine, plus fréquemment même pendant quelque temps. La première réunion aura lieu aujourd'hui à trois heures. Les travaux du collége avaient été interrompus, parce que le dissentiment du Père Rodrigues leur aurait donné un caractère de lutte que notre *Père suprême* tenait à éviter.

» Notre *Père suprême* a annoncé ensuite à la

famille qu'il m'appelait à diriger auprès de lui nos intérêts politiques et financiers. Ce témoignage de la confiance de notre *Père suprême* m'a vivement ému et m'a inspiré une profonde reconnaissance. Je me suis aussitôt senti plus fort, plus éclairé, plus religieux ; car j'appartiens à cette nature d'hommes hiérarchiques qui remontent toujours vers leur *père* pour y chercher la sanction de leurs progrès. J'accepte avec confiance la fonction qui m'est confiée par le successeur de Saint-Simon, et j'espère que, soutenu par sa main puissante et aidé de votre amour, de votre sagesse et de votre activité, je m'en acquitterai dignement.

» Chers fils, pour nous s'ouvre une ère nouvelle : nous avons enfin un Dieu, une foi, un Père. Notre apostolat est définitivement constitué. Nous pourrons enfin développer toute l'activité qui est en nous, et l'espace ne nous manquera pas, car nous avons à étendre sur le monde entier nos conquêtes pacifiques.

» MICHEL CHEVALIER. »

FIN DU CINQUIÈME VOLUME

Imp. L. Toinon et Cie, à Saint-Germain.

Imp. L. Toinon et Cie, à Saint Germain.

www.ingramcontent.com/pod-product-compliance
Ingram Content Group UK Ltd.
Pitfield, Milton Keynes, MK11 3LW, UK
UKHW020114200726
13856UKWH00002B/546

9 782013 650922